Werner Catrina

Kämpfen, lernen, feiern

150 Jahre Kaufmännischer Verband Zürich
KVZ

Bibliografische Information der Deutschen Nationalbibliothek: Die Deutsche Nationalbibliothek verzeichnet diese Publikation in der Deutschen Nationalbibliografie; detaillierte bibliografische Daten sind im Internet über http://dnb.d-nb.de abrufbar.

IMPRESSUM

Herausgeber: Kaufmännischer Verband Zürich (KVZ)
Projektleitung: Rolf Butz, Geschäftsleiter KVZ
Text: Werner Catrina www.wernercatrina.ch
Verlagsberatung und -realisation: Gian Laube,
Orell Füssli Verlag AG, Zürich
Lektorat: Esther Hürlimann est.huerlimann@bluewin.ch
Gestaltung und Satz: Rolf Willi www.willi.ch
Druck und Einband: Kösel GmbH & Co. KG,
D-87452 Altusried Krugzell

ISBN 978-3-280-05430-7

Werner Catrina

150 Jahre Kaufmännischer Verband Zürich KVZ
1861–2011

Kämpfen, lernen, feiern

orell füssli Verlag

Konstant ist nur der Wandel

Geschätzte Leserinnen und Leser
Liebe Freunde des KV Zürich

Gottfried Keller brachte es auf den Punkt: Ohne Fleiss kein Preis, ohne Engagement kein Weiterkommen. Treffender könnte man es nicht sagen – zwinglianischer Arbeitsethos pur. Dass sein «Grüner Heinrich» – das Meisterwerk des Schweizer Visionärs – zu einer Zeit entstand, als Zürich im Umbruch war, ist kein Zufall. Wir reden von bewegten Jahren zwischen 1842 und 1854. Dass die Gründung des Kaufmännischen Vereins durch junge Unternehmer in die gleiche Epoche fällt, erstaunt also wenig. Dieses Fähnlein der jungen Aufrechten – notabene auch sie aus gutem Hause – verschrieb sich ganz dem Kämpfen, Lernen und Feiern.

Blättern wir also ein wenig in der Vergangenheit: Der «Grüne Heinrich» ist ein Entwicklungsroman. Keller schickte seinen Heinrich auf Reisen, ins Ausland, um zu lernen und reifer zu werden. Im Gegensatz dazu sind die Pioniere unseres KV Zürich hiergeblieben, im Herzen von Zürich – dem heutigen Business District gewissermassen. An der Pelikanstrasse haben sie 1861 ihr Haus errichtet, das bis heute für eine mutige Idee mit grosser Strahlkraft steht. Und so liest sich denn unsere Chronik der Ereignisse – die Sie in den Händen halten – über weite Strecken auch wie ein spannender Roman. Profaner zwar als bei Keller, aber auf dem Boden der bisweilen harten gesellschaftlichen Realität, nahe am Leben.

Folgen Sie Werner Catrina auf seinem virtuos komponierten Gang durch unsere Geschichte. Da ist die Rede von streikenden Bankangestellten auf dem Paradeplatz 1918. Da kämpfen Männer – später, beziehungsweise sehr viel später, auch Frauen – für eine 52-Stunden-Woche. Da geht es ans Eingemachte: Die Freizügigkeit bei den Pensionskassengeldern steht zur Debatte. Und da redet man früh Klartext: gegen Mobbing am Arbeitsplatz und Drogen in den Schulen. Schliesslich ist im «Kaufleuten» immer auch Raum für die Muse, das Drama, den schönen Gesang. Der KV Zürich und seine Exponenten haben sich stets eingebracht – in die öffentliche Diskussion, fürs Gemeinwohl, für den Dialog zwischen Arbeitgebern und Arbeitnehmern. Wie bei Keller ging es auch immer wieder um Hierarchien, um Gerechtigkeit in der modernen Gesellschaftsordnung, um das liberale Gedankengut und die Kraft des besseren Arguments. Ebendiese Ideale verfolgt der KV Zürich seit seinen Anfängen. Davon zeugt bis heute seine Schule, wo sich jährlich über 4000 Menschen das Rüstzeug für den kaufmännischen Beruf und wichtige Zusatzqualifikationen für den Aufstieg auf der Karriereleiter holen. Der KV Zürich ist bis heute ein Verfechter der dualen Ausbildung: Beruf und Bildung gehören zusammen. Lernen im Betrieb und in der Schule bildet eine Einheit.

«Nie stehen bleiben» war das Motto unserer Gründer. Und das gilt auch heute: Bewegen wir uns also – gemeinsam und stetig – in eine nachhaltige Zukunft. Damit sind wir wieder am Anfang, bei Gottfried Keller: «Studiere die Menschen, nicht um sie auszubeuten oder zu überlisten, sondern um das Gute in ihnen aufzudecken und in Bewegung zu bringen.»

Wir ermuntern Sie: Studieren Sie die Jubiläumsschrift genau – und entdecken Sie den Saft, der in unseren Wurzeln steckt. Auf dass die Ideen der Zürcher Kaufleute auch im 21. Jahrhundert auf fruchtbaren Boden fallen.

Peter Vonlanthen,
Präsident KV Zürich

Rolf Butz,
Geschäftsführer
KV Zürich

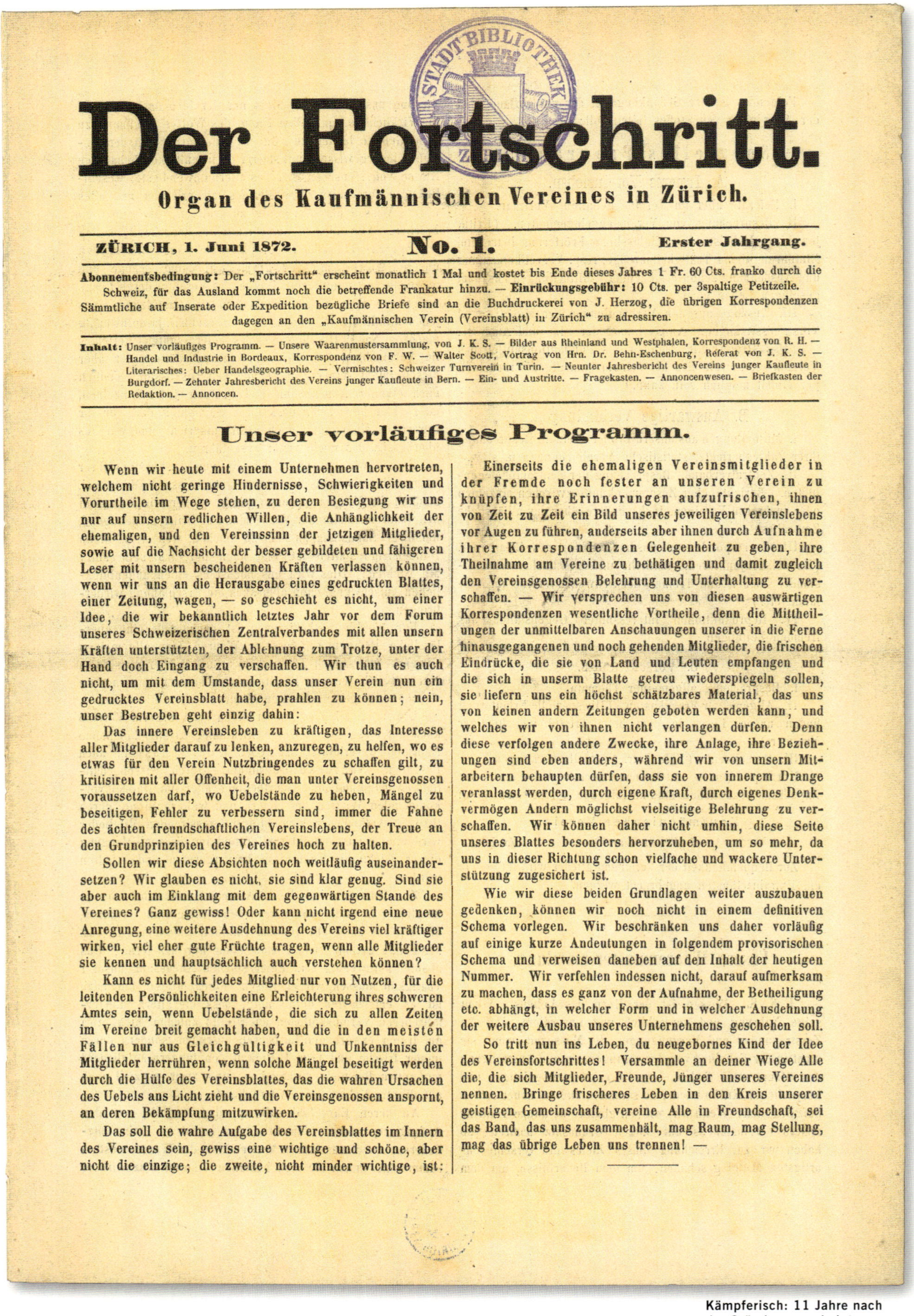

Der Fortschritt.

Organ des Kaufmännischen Vereines in Zürich.

ZÜRICH, 1. Juni 1872. **No. 1.** **Erster Jahrgang.**

Abonnementsbedingung: Der „Fortschritt" erscheint monatlich 1 Mal und kostet bis Ende dieses Jahres 1 Fr. 60 Cts. franko durch die Schweiz, für das Ausland kommt noch die betreffende Frankatur hinzu. — **Einrückungsgebühr:** 10 Cts. per 3spaltige Petitzeile. Sämmtliche auf Inserate oder Expedition bezügliche Briefe sind an die Buchdruckerei von J. Herzog, die übrigen Korrespondenzen dagegen an den „Kaufmännischen Verein (Vereinsblatt) in Zürich" zu adressiren.

Inhalt: Unser vorläufiges Programm. — Unsere Waarenmustersammlung, von J. K. S. — Bilder aus Rheinland und Westphalen, Korrespondenz von R. H. — Handel und Industrie in Bordeaux, Korrespondenz von F. W. — Walter Scott, Vortrag von Hrn. Dr. Behn-Eschenburg, Referat von J. K. S. — Literarisches: Ueber Handelsgeographie. — Vermischtes: Schweizer Turnverein in Turin. — Neunter Jahresbericht des Vereins junger Kaufleute in Burgdorf. — Zehnter Jahresbericht des Vereins junger Kaufleute in Bern. — Ein- und Austritte. — Fragekasten. — Annoncenwesen. — Briefkasten der Redaktion. — Annoncen.

Unser vorläufiges Programm.

Wenn wir heute mit einem Unternehmen hervortreten, welchem nicht geringe Hindernisse, Schwierigkeiten und Vorurtheile im Wege stehen, zu deren Besiegung wir uns nur auf unsern redlichen Willen, die Anhänglichkeit der ehemaligen, und den Vereinssinn der jetzigen Mitglieder, sowie auf die Nachsicht der besser gebildeten und fähigeren Leser mit unsern bescheidenen Kräften verlassen können, wenn wir uns an die Herausgabe eines gedruckten Blattes, einer Zeitung, wagen, — so geschieht es nicht, um einer Idee, die wir bekanntlich letztes Jahr vor dem Forum unseres Schweizerischen Zentralverbandes mit allen unsern Kräften unterstützten, der Ablehnung zum Trotze, unter der Hand doch Eingang zu verschaffen. Wir thun es auch nicht, um mit dem Umstande, dass unser Verein nun ein gedrucktes Vereinsblatt habe, prahlen zu können; nein, unser Bestreben geht einzig dahin:

Das innere Vereinsleben zu kräftigen, das Interesse aller Mitglieder darauf zu lenken, anzuregen, zu helfen, wo es etwas für den Verein Nutzbringendes zu schaffen gilt, zu kritisiren mit aller Offenheit, die man unter Vereinsgenossen voraussetzen darf, wo Uebelstände zu heben, Mängel zu beseitigen, Fehler zu verbessern sind, immer die Fahne des ächten freundschaftlichen Vereinslebens, der Treue an den Grundprinzipien des Vereines hoch zu halten.

Sollen wir diese Absichten noch weitläufig auseinandersetzen? Wir glauben es nicht, sie sind klar genug. Sind sie aber auch im Einklang mit dem gegenwärtigen Stande des Vereines? Ganz gewiss! Oder kann nicht irgend eine neue Anregung, eine weitere Ausdehnung des Vereins viel kräftiger wirken, viel eher gute Früchte tragen, wenn alle Mitglieder sie kennen und hauptsächlich auch verstehen können?

Kann es nicht für jedes Mitglied nur von Nutzen, für die leitenden Persönlichkeiten eine Erleichterung ihres schweren Amtes sein, wenn Uebelstände, die sich zu allen Zeiten im Vereine breit gemacht haben, und die in den meisten Fällen nur aus Gleichgültigkeit und Unkenntniss der Mitglieder herrühren, wenn solche Mängel beseitigt werden durch die Hülfe des Vereinsblattes, das die wahren Ursachen des Uebels ans Licht zieht und die Vereinsgenossen anspornt, an deren Bekämpfung mitzuwirken.

Das soll die wahre Aufgabe des Vereinsblattes im Innern des Vereines sein, gewiss eine wichtige und schöne, aber nicht die einzige; die zweite, nicht minder wichtige, ist:

Einerseits die ehemaligen Vereinsmitglieder in der Fremde noch fester an unseren Verein zu knüpfen, ihre Erinnerungen aufzufrischen, ihnen von Zeit zu Zeit ein Bild unseres jeweiligen Vereinslebens vor Augen zu führen, anderseits aber ihnen durch Aufnahme ihrer Korrespondenzen Gelegenheit zu geben, ihre Theilnahme am Vereine zu bethätigen und damit zugleich den Vereinsgenossen Belehrung und Unterhaltung zu verschaffen. — Wir versprechen uns von diesen auswärtigen Korrespondenzen wesentliche Vortheile, denn die Mittheilungen der unmittelbaren Anschauungen unserer in die Ferne hinausgegangenen und noch gehenden Mitglieder, die frischen Eindrücke, die sie von Land und Leuten empfangen und die sich in unserm Blatte getreu wiederspiegeln sollen, sie liefern uns ein höchst schätzbares Material, das uns von keinen andern Zeitungen geboten werden kann, und welches wir von ihnen nicht verlangen dürfen. Denn diese verfolgen andere Zwecke, ihre Anlage, ihre Beziehungen sind eben anders, während wir von unsern Mitarbeitern behaupten dürfen, dass sie von innerem Drange veranlasst werden, durch eigene Kraft, durch eigenes Denkvermögen Andern möglichst vielseitige Belehrung zu verschaffen. Wir können daher nicht umhin, diese Seite unseres Blattes besonders hervorzuheben, um so mehr, da uns in dieser Richtung schon vielfache und wackere Unterstützung zugesichert ist.

Wie wir diese beiden Grundlagen weiter auszubauen gedenken, können wir noch nicht in einem definitiven Schema vorlegen. Wir beschränken uns daher vorläufig auf einige kurze Andeutungen in folgendem provisorischen Schema und verweisen daneben auf den Inhalt der heutigen Nummer. Wir verfehlen indessen nicht, darauf aufmerksam zu machen, dass es ganz von der Aufnahme, der Betheiligung etc. abhängt, in welcher Form und in welcher Ausdehnung der weitere Ausbau unseres Unternehmens geschehen soll.

So tritt nun ins Leben, du neugebornes Kind der Idee des Vereinsfortschrittes! Versammle an deiner Wiege Alle die, die sich Mitglieder, Freunde, Jünger unseres Vereines nennen. Bringe frischeres Leben in den Kreis unserer geistigen Gemeinschaft, vereine Alle in Freundschaft, sei das Band, das uns zusammenhält, mag Raum, mag Stellung, mag das übrige Leben uns trennen! —

Kämpferisch: 11 Jahre nach der Gründung erscheint «Der Fortschritt», das Organ des Kaufmännischen Vereins Zürich.

Vor 150 Jahren gründeten initiative Kaufleute in Zürich den Verein junger Kaufleute, woraus sich später der Kaufmännische Verband Zürich (KVZ) entwickelte. Für die ersten 100 Jahre und dann wieder für 125 Jahre liegen Jubiläumsschriften vor, auf die sich der erste Teil dieser Chronik stützt. Die jüngsten 25 Jahre von 1986 bis 2011 des KVZ schildert der Autor detaillierter und zeigt Jahr für Jahr auf, wie der KVZ sich in den verschiedensten Bereichen von Wirtschaft und Gesellschaft engagierte und in ruhigeren wie in stürmischen Zeiten namentlich in den Bereichen Ausbildung und Berufspolitik Flagge zeigte.

(1861 – 1986)

125 Jahre KVZ im Zeitraffer

Bildung und soziale Berufsgemeinschaft

1861 «Bildung, Fortschritt, Freundschaft» lautet das Motto des frisch aus der Taufe gehobenen Vereins. 13 «initiative, bildungshungrige junge Handelsbeflissene» gründen den «Verein junger Kaufleute» am 7. März 1861 in Zürich, wie die 100-Jahr-Schrift berichtet.

Das Gründungsprotokoll umschreibt den Zweck mit der «Vervollkommnung der dem Kaufmann nötigen Kenntnisse», von Frauen ist noch nicht die Rede. Weltoffen gibt sich der Verein dennoch von Anfang an; als ersten Präsidenten wählt man den aus der Westschweiz stammenden Mitinitianten G. A. Matthey aus Le Locle.

Mit Elan nehmen die Initianten die Hauptaufgaben «Bildung» und «soziale Berufsgemeinschaft» an die Hand und können sich damit durchaus als Pioniere fühlen. Kurse in wichtigen Fremdsprachen und Handelsfächern zur Aus- und Weiterbildung stehen auf dem Programm. Die Vorträge hervorragender Wissenschafter und Dozenten zu wirtschaftswissenschaftlichen und kulturellen Themen wecken Interesse auch über den Kreis der Kaufleute hinaus. Die rasch wachsende Bibliothek und ein Lesezirkel entwickeln sich zu Brennpunkten der kaufmännischen Bildung in Zürich. Der junge Verein ist eine sehr lebendige Institution, im «Rhetorischen Klub» üben die Mitglieder den mündlichen Ausdruck und diskutieren berufliche und vereinspolitische Probleme. In Diskussionsversammlungen debattieren sie mit fachkundigen Gesprächspartnern wirtschaftliche und soziale Fragen. Der Verein mit seiner noch rudimentären Administration nistet sich in den kommenden Jahren in den Zunfthäusern zur Meisen, zur Waag und Zimmerleuten und später im Café Centralhof ein und unterrichtet dort die Lehrlinge. Auch im alten Schulhaus Fraumünster werden Kurse durchgeführt. Weil die Hygiene und die Beleuchtung mancher Räume zu wünschen übrig lassen, verlegten einige Lehrer den Unterricht in ihre Privatwohnungen.

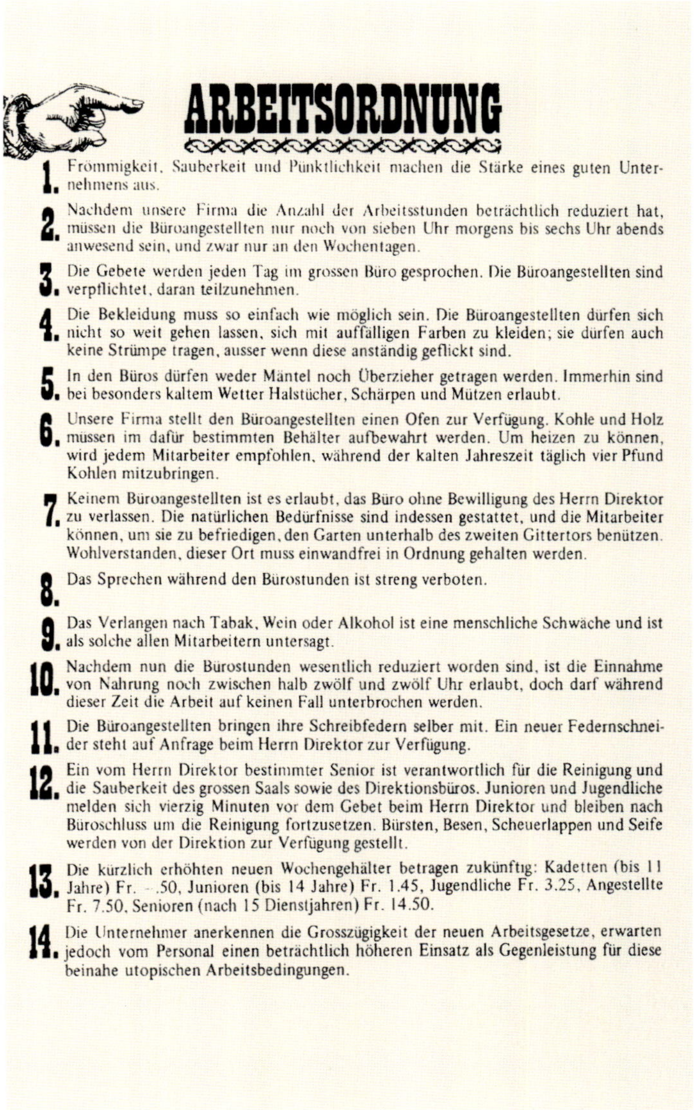

ARBEITSORDNUNG

1. Frömmigkeit, Sauberkeit und Pünktlichkeit machen die Stärke eines guten Unternehmens aus.
2. Nachdem unsere Firma die Anzahl der Arbeitsstunden beträchtlich reduziert hat, müssen die Büroangestellten nur noch von sieben Uhr morgens bis sechs Uhr abends anwesend sein, und zwar nur an den Wochentagen.
3. Die Gebete werden jeden Tag im grossen Büro gesprochen. Die Büroangestellten sind verpflichtet, daran teilzunehmen.
4. Die Bekleidung muss so einfach wie möglich sein. Die Büroangestellten dürfen sich nicht so weit gehen lassen, sich mit auffälligen Farben zu kleiden; sie dürfen auch keine Strümpe tragen, ausser wenn diese anständig geflickt sind.
5. In den Büros dürfen weder Mäntel noch Überzieher getragen werden. Immerhin sind bei besonders kaltem Wetter Halstücher, Schärpen und Mützen erlaubt.
6. Unsere Firma stellt den Büroangestellten einen Ofen zur Verfügung. Kohle und Holz müssen im dafür bestimmten Behälter aufbewahrt werden. Um heizen zu können, wird jedem Mitarbeiter empfohlen, während der kalten Jahreszeit täglich vier Pfund Kohlen mitzubringen.
7. Keinem Büroangestellten ist es erlaubt, das Büro ohne Bewilligung des Herrn Direktor zu verlassen. Die natürlichen Bedürfnisse sind indessen gestattet, und die Mitarbeiter können, um sie zu befriedigen, den Garten unterhalb des zweiten Gittertors benützen. Wohlverstanden, dieser Ort muss einwandfrei in Ordnung gehalten werden.
8. Das Sprechen während den Bürostunden ist streng verboten.
9. Das Verlangen nach Tabak, Wein oder Alkohol ist eine menschliche Schwäche und ist als solche allen Mitarbeitern untersagt.
10. Nachdem nun die Bürostunden wesentlich reduziert worden sind, ist die Einnahme von Nahrung noch zwischen halb zwölf und zwölf Uhr erlaubt, doch darf während dieser Zeit die Arbeit auf keinen Fall unterbrochen werden.
11. Die Büroangestellten bringen ihre Schreibfedern selber mit. Ein neuer Federnschneider steht auf Anfrage beim Herrn Direktor zur Verfügung.
12. Ein vom Herrn Direktor bestimmter Senior ist verantwortlich für die Reinigung und die Sauberkeit des grossen Saals sowie des Direktionsbüros. Junioren und Jugendliche melden sich vierzig Minuten vor dem Gebet beim Herrn Direktor und bleiben nach Büroschluss um die Reinigung fortzusetzen. Bürsten, Besen, Scheuerlappen und Seife werden von der Direktion zur Verfügung gestellt.
13. Die kürzlich erhöhten neuen Wochengehälter betragen zukünftig: Kadetten (bis 11 Jahre) Fr. –.50, Junioren (bis 14 Jahre) Fr. 1.45, Jugendliche Fr. 3.25, Angestellte Fr. 7.50, Senioren (nach 15 Dienstjahren) Fr. 14.50.
14. Die Unternehmer anerkennen die Grosszügigkeit der neuen Arbeitsgesetze, erwarten jedoch vom Personal einen beträchtlich höheren Einsatz als Gegenleistung für diese beinahe utopischen Arbeitsbedingungen.

«Arbeitsverordnung» aus einer alten Chronik aus der Gründerzeit des Kaufmännischen Berufsverbandes Zürich.

Gründung des «Männerchors Kaufleuten»

1862 «Zur Förderung der kollegialischen Gesinnung» wird 1862 die Einführung regelmässiger Gesangsübungen beschlossen, die den «erfreulichsten Erfolg hatten», wie es eine Jubiläumsschrift beschreibt. Daraus entsteht der «Männerchor Kaufleuten».

Umbenennung in KVZ

1866 Um der Organisation den Anstrich eines zuweilen belächelten «Lehrlingsvereins» zu nehmen, benennt man den «Verein junger Kaufleute» in «Kaufmännischer Verein Zürich» (KVZ) um.

Erste Vereinspublikation – handgeschrieben

1868 Der KVZ gibt erstmals ein «Vereinsblatt» heraus, das anfangs handgeschrieben im Vereinslokal zur Einsicht aufliegt und später gedruckt wird.

«Der Fortschritt»

1872 Am 1. Juni erscheint die erste Nummer von «Der Fortschritt», dem neuen Organ des Kaufmännischen Vereins Zürich, das Position bezieht und schon bald unerwartet viele Abonnenten zählt. «So tritt nun ins Leben, du neugeborenes Kind der Idee des Vereinsfortschrittes!», heisst es pathetisch im Stil der Zeit im Geleitwort, «versammle an dieser Wiege alle die, die sich Mitglieder, Freunde, Jünger unseres Vereins nennen. Bringe frisches Leben in den Kreis.»

Gründung des Schweizerischen Kaufmännischen Vereins

1873 Der Schweizerische Kaufmännische Verein (SKV) wird, ein Dutzend Jahre nach der Gründung des Zürcher Kantonalvereins, als «Bildungsverein für Männer» aus der Taufe gehoben. Die kaufmännische Berufstätigkeit der Frauen ist auch in der nationalen Organisation noch kein Thema.

Schachspielen, Singen und Turnen

1876 Der Kaufmännische Verein Zürich engagiert sich für kurze Zeit in der Stellenvermittlung, um jungen Berufsleuten in der Wirtschaftskrise zu helfen, eine Aufgabe, die 1876 das «Central-Stellenvermittlungsbüro des Schweizerischen Vereins junger Kaufleute» übernimmt. Das Eintrittsalter wird auf 19 Jahre angehoben, die jüngeren Mitglieder haben nur noch Zutritt zum Bildungsangebot, bleiben aber von den übrigen Vereinsaktivitäten ausgeschlossen. Im KVZ probt man in der Freizeit im «Dramatischen Club» Sketches zur Bereicherung der Vereinsanlässe, im «Cercle Français» üben Bildungsbeflissene die französische Konversation, im «English Club» diskutieren die Mitglieder in der Weltsprache Englisch, im «Circolo Italiano» auf Italienisch. Nach getaner Arbeit trifft man sich im Schachklub oder zum Gesang und ab 1877, wie der Chronist schreibt, «zur körperlichen Ertüchtigung in der Turnsektion».

Leibesübungen in der Gründerzeit des KVZ: Mens sana in corpore sano – ein gesunder Geist in einem gesunden Körper.

Eröffnung der Handelsschule des Kaufmännischen Vereins Zürich

1887 Mit Enthusiasmus haben die Pioniere nach der Gründung des Kaufmännischen Vereins Zürich die Schulung an die Hand genommen. Allerdings existieren noch kaum Strukturen, ein eigenes Vereinshaus gibt es auch nach 25 Jahren noch nicht.

Die Kurse finden Anklang, das Programm gewinnt an Konturen, neben den Sprachen etablieren sich Bildungsgänge aus dem Bereich Handel. In einem nächsten, logischen Schritt eröffnet der Verein für seine Kurse 1887 die «Handelsschule des Kaufmännischen Vereins Zürich». Als oberstes Organ wird eine Unterrichtskommission aus Vertretern des Vereins, der Handelskammer, der Kantonsregierung und des Stadtrates bestellt.

Seit Jahren hält man nach einer festen Bleibe für Administration und Schule Ausschau. 1887 gelingt es, die Liegenschaft «Zum alten Seidenhof» an der Uraniastrasse einen Steinwurf von der Bahnhofstrasse entfernt zu erwerben. Den finanziellen Grundstock für das Projekt bildet der Erlös von 20 000 Franken, den der Kiosk des KVZ an der Landesausstellung 1883 in Zürich erwirtschaftet hatte. Mittel von Stadt und Kanton, der Kaufmannschaft und eigene Gelder ermöglichen den Ankauf für 140 000 Franken und den Umbau für 335 000 Franken.

Bis 1915 bleibt das historische Bauwerk Schulgebäude des KVZ. Ein wichtiger Markstein in der Vereinsgeschichte ist die Trennung der Schulleitung vom Verein, was beiden Bereichen zu mehr Autonomie und Bewegungsfreiheit verhilft.

Zunehmende Beteiligung an der Diskussion um Berufspolitik und Bildung

1888 Der KVZ agiert seit der Gründung parteipolitisch neutral, beteiligt sich aber zunehmend an der Diskussion über berufspolitische Fragen und Bildungsaufgaben. So macht er sich für die Annahme des zürcherischen Volksschulgesetzes stark und rechtfertigt sich dafür im Jahresbericht. Der KVZ setzt eine Kommission für Rechtsbelehrung ein und richtet für seine Mitglieder eine Rechtsauskunftsstelle ein.

Erstes Vereinssekretariat...

1891 Dreissig Jahre nach der Gründung etabliert der KVZ im umgebauten Vereinshaus Seidenhof erstmals ein für Schule und Verein zuständiges Sekretariat.

...und erste Lehrlingsprüfung

1893 Erstmals veranstaltet der Kaufmännische Verein die Lehrlingsprüfung, doch nur wenige Schüler melden sich an, weil die Ausbildung noch eher einem unstrukturierten Kurswesen gleicht. 1897 beispielsweise absolvieren von 560 Schülern nur gerade 22 die Prüfung.

Gegen den geplanten Ausbau des Lehrprogramms opponieren die Firmeninhaber, welche die Lehrlinge nicht während der Geschäftszeit für vier Stunden an den Unterricht freigeben wollen. Noch haben Frauen im kaufmännischen Umfeld einen schweren Stand. In einem Protokoll der Unterrichtskommission aus dem Jahr 1896 zur Organisation der Schule steht: «Im allgemeinen hält man eher dafür, dass es schwerlich die Aufgabe der Kaufmännischen Vereine sein dürfte, die weibliche Konkurrenz zu instruieren und gefährlich zu machen.»

Vereins-Orchester und Schach-Club

1896 Musikbegeisterte Mitglieder gründen das Vereins-Orchester. Es ist wie der seit 1870 bestehende «Männerchor Kaufleuten» ein Beweis dafür, dass der KVZ weit über die Anliegen des Berufsstandes hinaus aktiv ist. In der Schrift zum 100-Jahr-Jubiläum des Vereins füllt die Auflistung aller Freizeit-Unterorganisationen des KVZ vom Schach-Klub bis zum Philatelisten-Klub KVZ eine ganze, dichtbedruckte Seite.

Noch eine Publikation

1897 Der SKV bringt das «Schweizerische Kaufmännische Zentralblatt» heraus, das in Berichten und Kommentaren die Anliegen des kaufmännischen Berufsstandes präsentiert.

Das Vereinshaus «Zum Seidenhof» nahe der Bahnhofstrasse im Jahr 1911.

Der grosse Vereinssaal im «Seidenhof» mit dem von einem Gönner gestifteten Wandgemälde «Der Welthandel».

Scheitern des Kantonalen Lehrlingsgesetzes

1898 Von einem Lehrplan an der KVZ-Berufsschule kann erst ab 1898 gesprochen werden. Darin spielen Sprachen und Korrespondenz eine Hauptrolle; eine zweite Fremdsprache und später auch staatsbürgerlicher Unterricht finden als wichtige Neuerungen Eingang.

Einen Rückschlag erleidet der geplante Tagesunterricht für die Zürcher Lehrlinge mit der Verwerfung des Kantonalen Lehrlingsgesetzes im Jahr 1899 durch das Zürcher Stimmvolk, ein Gesetz, welches das Obligatorium für Schulbesuch und Abschlussprüfung vorsah. Die Unterrichtskommission des KVZ und der Rektor lassen sich trotz der Abstimmungsniederlage nicht entmutigen, neu führt man ein Obligatorium für zwei Handelsfächer ein und verteilt die vier Unterrichtsstunden auf zwei Wochentage von 7 bis 9 Uhr und 13 bis 15 Uhr – oder 18 bis 20 Uhr für Lehrlinge, die am Tag unabkömmlich sind.

Berufsschule und Abschlussprüfung werden obligatorisch

1906 Im zweiten Anlauf wird das Kantonale Lehrlingsgesetz angenommen und Berufsschule wie Abschlussprüfung werden für obligatorisch erklärt. Das Obligatorium macht die kaufmännische Fortbildungsschule zur gesetzlich vorgeschriebenen öffentlichen Ausbildungsstätte – und trotz der internen Widerstände im Verein endlich auch für Lehrtöchter zugänglich. Damit kommt es in der sogenannten Frauenfrage zu einem Etappensieg. Das ist dringend nötig, denn der Anteil der in Büros arbeitenden Frauen hat in den vergangenen Jahren, namentlich bei Handelsgesellschaften, Banken, Versicherungen und in der Industrie, stetig zugenommen. Die Männer wittern eine Bedrohung durch Lohndumping der weiblichen Konkurrenz; ja man debattiert die Frage heftig, ob Frauen überhaupt zu den Kursen der Handelsschule des Kaufmännischen Vereins zuge-lassen werden sollen.

Der Kaufmännische Verein ist der Gleichberechtigung lange Zeit eher ablehnend begegnet, mit dem neuen Kantonalen Lehrlingsgesetz fällt aber diese Männerbastion. Der KVZ lässt sich jedoch bis 1910 Zeit, den weiblichen Büroangestellten den Zutritt zu den Kursen der kaufmännischen Fortbildungsschule zu erlauben, dies trotz des Engagements von Rektor Rudolf Stähli (Amtszeit 1897–1919), der sich schon früh für

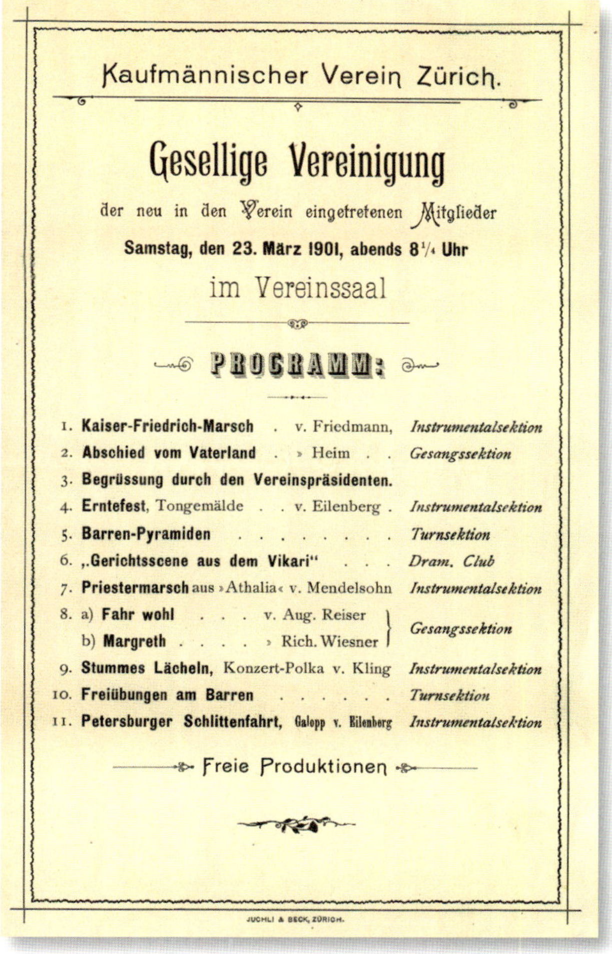

Kaufmännischer Verein Zürich.

Gesellige Vereinigung

der neu in den Verein eingetretenen Mitglieder

Samstag, den 23. März 1901, abends 8¼ Uhr

im Vereinssaal

PROGRAMM:

1. **Kaiser-Friedrich-Marsch** . v. Friedmann, *Instrumentalsektion*
2. **Abschied vom Vaterland** . » Heim . . *Gesangssektion*
3. **Begrüssung durch den Vereinspräsidenten.**
4. **Erntefest**, Tongemälde . . v. Eilenberg . *Instrumentalsektion*
5. **Barren-Pyramiden** . . . . *Turnsektion*
6. **„Gerichtsscene aus dem Vikari"** . . . *Dram. Club*
7. **Priestermarsch** aus »Athalia« v. Mendelsohn *Instrumentalsektion*
8. a) **Fahr wohl** . . . . v. Aug. Reiser
   b) **Margreth** . . . . . » Rich. Wiesner } *Gesangssektion*
9. **Stummes Lächeln**, Konzert-Polka v. Kling *Instrumentalsektion*
10. **Freiübungen am Barren** . . . . . . *Turnsektion*
11. **Petersburger Schlittenfahrt**, Galopp v. Eilenberg *Instrumentalsektion*

Freie Produktionen

JUCHLI & BECK, ZÜRICH.

die Zulassung der Lehrtöchter zum Unterricht starkgemacht hat. Mit dem späten Einlenken trägt der KVZ sozusagen die rote Laterne: Von 77 Sektionen des Schweizerischen Kaufmännischen Vereins erlaubt die Sektion Zürich als 74. die Zulassung der Frauen.

Einmischung in die politische Debatte

1907 Das Engagement des Vereins in der Politik kommt nur tastend voran, denn der KVZ muss seine Position in der politischen Landschaft suchen. Der Verein engagierte sich beispielsweise 1895 für das kantonale Gewerbegesetz, das Regelungen im Lehrlingswesen, bei der Sonntags- und Nachtarbeit etc. gebracht hätte, jedoch vom Volk bachab geschickt wurde. Bei der Revision des Kantonalen Lehrlingsgesetzes brachte der KVZ wesentliche Elemente ein und kämpfte für die Vorlage, welche der Souverän annahm.

Beim Gesetzesentwurf betreffend die öffentlichen Ruhetage verlangt der Kaufmännische Verein ein Verbot von Büro- und Ladenarbeit am Sonntag und dringt damit durch – das Gesetz tritt 1907 in Kraft. Mehr und mehr bringt sich der KVZ sachbezogen in die einschlägigen politischen Debatten ein, ohne sich jedoch einer Partei zu verpflichten.

Diplomprüfung für Buchhalter

1908 Der Schweizerische Kaufmännische Verein bietet erstmals eine Diplomprüfung für Buchhalter; dies gibt den Anstoss zu Weiterbildungskursen, ein Angebot mit grossem Zukunftspotenzial auch für den KVZ.

Neue Vereinsflagge

1909 Der KVZ schickt seit einigen Jahren Zirkulare an Firmen, um für bezahlte Sommerferien der kaufmännischen Mitarbeitenden zu werben – ein brisantes Traktandum, das manche Arbeitgeber meiden. Doch die Basis macht zunehmend Druck auf die Vereinsoberen, ganz nach dem Motto: Steter Tropfen höhlt den Stein.

Die Vereinsfahne mit den gestickten Jahreszahlen «1861–1909», einem Segelschiff im wogenden Zürichsee auf der Rückseite und dem Schriftzug «Kaufmännischer Verein Zürich», dem Zürcherwappen und dem Löwen auf der Vorderseite wird feierlich entrollt.

50 Jahre KVZ

1911 Der KVZ feiert mit 2800 Mitgliedern sein 50-Jahr-Jubiläum. Gegründet als Verein junger Kaufleute für die Berufsbildung und gesellschaftliches Zusammensein, hat sich der Verein zu einer Organisation von Angestellten in gehobenen Positionen und Kaufleuten entwickelt. Robert Billeter, Zürcher Stadtpräsident und KVZ-Vereinspräsident, sagt an der Jubiläumsfeier, dass der Erfolg des Vereins und seiner Unternehmungen darauf gründe, dass er sich stets hohe, aber erreichbare Ziele gesteckt habe, auf die er mit Beharrlichkeit zusteuerte.

1911
«Centralpräsidenten» des Kaufmännischen Verbandes Schweiz aus der Sektion Zürich auf einem Tableau versammelt anlässlich des Jubiläums «50 Jahre KVZ».

Der Mann ist der Boss: Bürowelt vor Ausbruch des Ersten Weltkrieges bei der Firma Kienast & Reuss an der Fraumünsterstrasse in Zürich.

Erster Spatenstich für das neue Vereinshaus

1913 Die Schulraumfrage wird immer dringender, denn der Kaufmännische Verein Zürich belegt inzwischen den gesamten Seidenhof und eine Anzahl Zimmer für den Unterricht in Nachbargebäuden.

Die Vorarbeiten zum Neubauprojekt reichen ins Jahr 1909 zurück; manche Grundstücke wurden seither besichtigt, Skizzen des geplanten Gebäudes gemacht, Studien zur Finanzierung in Auftrag gegeben, bis der Vorstand der Mitgliederversammlung vom 26. März 1913 den Ankauf des Grundstückes Pelikanstrasse/Nüschelerstrasse beantragen kann. Die im Stenogramm vorliegenden Referate mit anschliessender lebhafter Diskussion vermitteln ein anschauliches Bild vom Einsatz des damaligen Vorstandes und von der Stimmung im Saal. Das Plenum beschliesst den mutigen Ankauf für die damals respektable Summe von 600 000 Franken und die Erstellung des repräsentativen, grosszügigen Baus nach den Plänen der Architekten Bischoff & Weideli. Kurz danach erfolgt der erste Spatenstich.

1914 Bei Ausbruch des Ersten Weltkrieges sind die Vereinsbehörden mit der Finanzierung und dem Bau des ambitiösen Neubauprojektes des Kaufleuten-Vereinshauses stark in Anspruch genommen. Der Krieg erschwert die Bauarbeiten; der KVZ profitiert jedoch von der Wirtschaftskrise und kann preisgünstig qualitativ hochwertig bauen. Federführend sind der Bauunternehmer Hatt-Haller und das Ingenieurbüro J. Bolliger & Co. Der Bau ist als erste Etappe eines Gesamtprojektes konzipiert, das man später vollenden will.

Obwohl der Krieg unvermittelt ausbricht, klappt die Mobilisierung der Schweizer Armee, mit der kriegswirtschaftlichen Vorsorge hapert es jedoch. Planlosigkeit und Mangel an sozialem Verständnis sind in der Schweizer Wirtschaft verbreitet, rücksichtslos werden immer wieder Arbeitnehmer unter Berufung auf den Krieg auf die Strasse gestellt. Viele haben oft nur die Wahl, zum halben Lohn weiterzuarbeiten oder zu gehen.

Bau des neuen Vereinshauses am Pelikanplatz

1913
In kurzer Zeit wird das neue Vereinshaus nach den Plänen der Architekten Bischoff & Weideli Ecke Pelikan-/Nüschelerstrasse gebaut.

Beeindruckender Neubau

1915 Am 1. April 1915 beziehen Schule und Vereinsbüro des KVZ den repräsentativen Neubau an der Pelikanstrasse mit dem grossen Kaufleutensaal, Tagungsräumen und hellen Schulzimmern. Ein beeindruckendes Raumprogramm, das 680 000 Franken verschlang – für damalige Zeiten ein Riesenbetrag, der Geschäftsleiter und Präsident fast Kopf und Kragen kostet. Der architektonische Wurf zeugt von grosszügigem Denken; der Neubau befreit den Kaufmännischen Verein von der Raumnot; im Jahr der Inbetriebnahme zählt die Schule 1368 Lehrlinge, die ein Anrecht auf schulische Ausbildung haben.

Der Vortrags- und Festsaal, von dem ein Bereich abgetrennt werden kann, fasst maximal 850 Gäste und ist mit der Eingangshalle durch elegante Flügeltüren verbunden. Im Parterre ist auch das Restaurant untergebracht, das den Schülern mittags als Verpflegungsstätte dient, im Untergeschoss sind zudem ein Turnsaal und zwei Kegelbahnen eingebaut. Auf der Seite Pelikanstrasse ist Raum für zwei untervermietete Ladenlokale.

Das gesellschaftliche Leben im Verein ist trotz oder vielleicht wegen der schwierigen Zeiten rege. Nach der KVZ-Schützengesellschaft (1910) und dem Klub für Philatelie (1912) werden 1915 der Damenturnverein und die Frauenriege gegründet.

Der repräsentative Neubau umfasst neben Verwaltungs- und Schulräumen unter anderem auch ein Restaurant und einen grossen Saal. Entlang der Pelikanstrasse sind Läden eingemietet.

Eindrucksvolle Architektur im Eingangsbereich des neuen Vereinshauses.

Der Vortrags- und Festsaal bietet bis zu 850 Menschen Platz.

Lichtdurchflutetes Restaurant mit moderaten Preisen.

Generalversammlung kurz nach der Eröffnung des Neubaus im Vortrags- und Festsaal des Vereinshauses.

Materielle Not vieler Mitglieder

1916 Gefordert wie noch nie ist der KVZ in der Zeit des Ersten Weltkrieges, denn die Probleme vieler seiner Mitglieder sind existenziell. Nach dem ersten Schock des Kriegsausbruchs fasst das Geschäftsleben zwar wieder etwas Tritt, doch der Krieg zerrüttet die Weltwirtschaft und reisst auch die Schweiz mehr und mehr in den Strudel. Die leitenden Gremien des KVZ tun alles, um die teils verheerenden Folgen für die Angestellten zu mildern und bei den Betrieben etwas bessere Bedingungen zu erreichen. Die Mitglieder des Vereins sammeln zur Unterstützung in Not Geratener gegen 100 000 Franken. Zudem wird eine Kommission für Angestellteninteressen gegründet, eine Berufsberatung und eine Organisation für Vertrauensleute auf die Beine gestellt, um den in Bedrängnis geratenen Mitgliedern beizustehen.

Unruhe bei Banken und Versicherungen

1917 ist ein düsteres Jahr für die Arbeitnehmer in der Schweiz. Rund um das Land tobt der Erste Weltkrieg, die Lebenshaltungskosten steigen, Löhne folgen dieser Spirale nicht annähernd.

Den Arbeitgebern geht es besser, Aktionäre freuen sich über gute Dividenden. Es kommt immer häufiger zu Streiks. Obwohl auch unter den kaufmännischen Angestellten zunehmend Not herrscht, bleibt der Kaufmännische Verein nach Ansicht vieler Mitglieder zu passiv, denn gutgestellte leitende Angestellte und sogar Arbeitgeber geben im KVZ den Ton an.

1917 reisst den Bankangestellten der Geduldsfaden, abrupt lösen sie sich vom Kaufmännischen Verein und bilden 1918 einen eigenen Verband, der die Frage der Saläre in die eigene Hand nimmt. Die Angestellten der Versicherungen, wo viele Angelernte arbeiten, sind weniger militant und mehr in Hausverbänden organisiert. Doch die sich überschlagende Entwicklung bei den Bankangestellten wirkt stimulierend auf die viel kleinere Versicherungsbranche. In Basel wird ein «Versicherungspersonal Verband» gegründet, wenig später folgt ein Verband des Versicherungspersonals in Zürich, der jedoch 1923 wieder auseinanderfällt. Die Hausverbände in den einzelnen Unternehmen beherrschen wieder das Feld. Nach und nach beginnen sich einzelne Gruppen von Versicherungs-angestellten auf dem Platz Zürich dem KVZ anzuschliessen, der in-zwischen aus der Krise gelernt hat und sich im Krieg mehr und mehr zur Standesorganisation mit Profil entwickelt.

Landesstreik

1918 Der Erste Weltkrieg bringt der zwar kriegsverschonten Schweiz dennoch viel Elend und wachsende soziale Ungerechtigkeiten, was in Unruhen und schliesslich im Landesstreik vom 11. bis 14. November 1918 mündet und das Land tief erschüttert. Während des Krieges finden in der Schweiz internationale Kongresse von Sozialisten statt, die Entwicklung der Russischen Revolution wirkt zusätzlich destabilisierend, denn infolge des Militärdienstes, von Arbeitslosigkeit und Armut lebt ein Sechstel der Bevölkerung unter dem Existenzminimum. Arbeitnehmer, darunter viele mit sozialistischer und sozialdemokratischer politischer Gesinnung, organisieren lokale Streiks und Blockaden; einer der Streikführer ist SP-Nationalrat Robert Grimm. Bald beteiligen sich 400 000 Arbeitnehmer verschiedener Branchen – auch der Bahn und der öffentlichen Verwaltungen – am Streik, der rasch das ganze Land erfasst.

Die Schweizer Armee besetzt die Bevölkerungszentren und lässt die Bahn mit eingeschränktem Fahrplan durch Soldaten betreiben. Die Agitatoren des federführenden Oltener Komitees werden zu kurzen Gefängnisstrafen verurteilt, das Personal der russischen Botschaft, das zum Komitee Verbindung hat, wird ausgewiesen.

Im bisher grössten Angestelltenstreik der Schweizer Wirtschaftsgeschichte streikt das Bankpersonal für bessere Arbeitsbedingungen. Die im KVZ organisierten Bankenmitarbeiter wirken jedoch als Streikbrecher, was zur Entspannung der Situation beiträgt.

Zu den positiven Folgen des Landesstreiks gehört, dass die geforderte 48-Stunden-Woche im neuen Fabrikgesetz festgeschrieben wird, andere Forderungen werden im Laufe der Jahre, auch auf Druck des Kaufmännischen Vereins, teilweise erfüllt. Der KVZ verkauft den Seidenhof für eine halbe Million Franken an die Armenpflege der Stadt Zürich und erwirbt das an das neue Verbandsgebäude am Pelikanplatz anschliessende Grundstück an der Sihlstrasse für 440 000 Franken zu einem Quadratmeterpreis von 370 Franken. Dank diesem weitsichtigen Kauf sichert sich der Verein die Zukunft seines Sitzes an zentralster Lage in der City.

Landesstreik: Volksauflauf am 29. September 1918 auf dem Paradeplatz in Zürich. Mit 706 gegen 29 Stimmen hatte die Generalversammlung des Bankpersonalverbandes beschlossen, in den Streik zu treten.

Gewerkschaftliche Ausrichtung

1919 «Die aktive Vertretung der Angestellteninteressen im Sinne einer Gewerkschaft», schreibt der Kaufmännische Verein Zürich jetzt auf sein Panier. Unter «Gewerkschaft» versteht man die Verbindung von Arbeitnehmern, die durch vergleichbare Berufe gemeinsame Interessen haben und diese gegenüber den Arbeitgebern wahren oder durchsetzen wollen. Nach wie vor parteipolitisch und konfessionell neutral, agiert der KVZ als Berufsorganisation unabhängig, ist aber mehr denn je entschlossen, in den sozialen Belangen des öffentlichen Lebens mitzureden und mitzubestimmen.

Der Einsatz reicht vom erfolgreichen Kampf für weniger Wochenstunden der Büroangestellten bis zur Durchsetzung des freien Samstagnachmittags in einer Auseinandersetzung mit der Zürcher Handelskammer.

Endlich auch Frauen als KVZ-Mitglieder

Die Delegiertenversammlung des Schweizerischen Kaufmännischen Vereins vom 13. Juli 1918 beschloss, die weiblichen Handels- und Büroangestellten als Mitglieder aufzunehmen. Wie in den anderen Vereinen des Landes beginnt man auch im KVZ mit der Anwerbung von Berufskolleginnen. «Berner Übereinkunft» heisst eine Vereinbarung zwischen den schweizerischen Arbeitgeber- und Arbeitnehmerverbänden, in der die Vertragspartner erstmals den Grundsatz der Gleichstellung beider Geschlechter festschreiben. Der KVZ klärt die weiblichen Angestellten über die neuen Richtlinien auf und organisiert Diskussionsgruppen.

Mit einer Zweidrittelmehrheit fasst die erste Generalversammlung nach dem Krieg den Beschluss, die weiblichen Büroangestellten in den Kaufmännischen Verein Zürich aufzunehmen.

Mehr und mehr Frauen werden Mitglied beim KVZ und lassen sich in Kommissionen wählen. Die neuen weiblichen Mitglieder ergreifen rasch verschiedene Initiativen, gründen einen Damenturnverein und den «English Club of Women Members». In der sogenannten «Kolleginnengruppe» sammeln sich die interessierten weiblichen Angestellten, organisieren Diskussionsabende und Kurse, treffen sich bei geselligen Veranstaltungen und auf Wanderungen. Ja sogar eine Baugenossenschaft berufstätiger Frauen wird ins Leben gerufen. Ins Jahr 1919 fällt im Übrigen auch die Gründung der «Juga», der Jugendabteilung des KVZ.

Gründung des Verbands der Zürcher Handelsfirmen, Gegenspieler und Partner des KVZ

Im Jahr 1919 wird der Verband Zürcher Handelsfirmen (VZH) gegründet. Das deklarierte Ziel des Verbandes ist, in einer Zeit grosser sozialer Probleme «die Arbeitgeber aller Berufskategorien zum gemeinsamen Handeln zu vereinigen, einmal, um die als berechtigt anerkannten Forderungen der Arbeitnehmer im Interesse des sozialen Friedens und unserer Volkswirtschaft möglichst restlos durchzuführen, anderseits aber auch, um utopischen Bestrebungen eine kraftvolle einheitliche Abwehr entgegenzusetzen». Der neue kantonale Arbeitgeberverband entwickelt sich rasch zu einem der wichtigsten Partner des KVZ, mit dem man bereits ein Jahr nach der Gründung ein Abkommen über Anstellungsbedingungen von Kaufleuten abschliessen kann. Eine grosse Zahl weiterer Abkommen über Mindestgehälter, Teuerungszulagen etc. wird in Zukunft unter Dach gebracht.

Zerreissprobe in der Wirtschaftskrise

1920 Nur ein Jahr nach der Gründung des VZH schliesst der KVZ mit dieser Arbeitgeberorganisation eine Vereinbarung mit Anstellungsnormen für kaufmännische Büroangestellte ab.

In der Krise der Nachkriegszeit mit Lohnabbau bei steigender Teuerung gerät der KVZ in eine Zerreissprobe; denn nach Auslaufen des schweizerischen Gesamtarbeitsvertrages 1920 verschärft sich die wirtschaftliche und soziale Lage der Angestellten, was im Verein zu Spannungen und 1922 zum offenen Konflikt führt. Ein Teil der Mitglieder wirft der Vereinsleitung vor, sie vertrete zu stark die Anliegen der Arbeitgeber, worauf der Vorstand in corpore zurücktritt. Der Verein verzeichnet viele Austritte, was die Finanzen schwächt. Mit der Verbesserung der Wirtschaftslage beruhigt sich die Situation auch für den KVZ.

Einstieg in die Politik

1923 Der KVZ beteiligt sich erstmals mit Kandidaten an den Zürcher Kantonsratswahlen, gewählt wird Carl Siegfried, der spätere Vereinspräsident.

In den Zwanziger- und Dreissigerjahren beteiligt sich der Verein an der Ausgestaltung mehrerer städtischer und kantonaler Verordnungen und Gesetze zur Arbeitslosenversicherung, Krankenpflegeversicherung oder eines Arbeitsgesetzes. Mehre KVZ-Mitglieder werden ins Zürcher Stadtparlament gewählt.

«Sammlung der alten, treuen Vereinsmitglieder zur Pflege der Zusammengehörigkeit als Glieder eines grossen Berufsstandes, Anteilnahme am Schicksal jedes einzelnen Mitgliedes und am Wohlergehen des Gesamtverbandes», lautet die Zielsetzung der am 21. Juni 1923 von 81 Senioren des KVZ gegründeten Veteranen- und Seniorenvereinigung, die sich rasch entwickelt.

Aus zeitgenössischen Berichten:
Neue Schreibmaschine und eine Strickstube für KVZ-Frauen

**«Auf Verlangen von KVZ-Mitgliedern wurde durch eine sehr vorteilhafte Bedingung der Firma Pfeiffer und Brendle eine nagelneue Schreibmaschine für das Schreibzimmer angeschafft.
Benützungsgebühr 20 Rappen pro Stunde.
Den weiblichen Mitgliedern wurden im Vereinsgebäude zwei Zimmer überlassen und eingerichtet, wo sie ganz unter sich bei einer Strick- oder Näharbeit plaudern und lesen und vielleicht eine Tasse Tee trinken konnten!»**

Immer grösseres Angebot für Weiterbildung

1925 Weiterbildung nimmt einen immer grösseren Platz im Vereinsleben ein. Erstmals wird eine Programmbroschüre mit dem ganzen Angebot «Höhere Kurse für Kaufleute» gedruckt. Das Programm umfasst Lehrgänge für Sprachen, Korrespondenz und Buchhaltung, später unter anderem auch Kurse für Aussenhandel zur Vorbereitung auf die Diplomprüfung für Bank- und Versicherungsangestellte.

Paritätisch zusammengesetzte Unterrichtskommission der KVZ Schule
Die Unterrichtskommission, das Aufsichtsorgan der Schule, besteht jetzt aus 8 Abgeordneten des Kaufmännischen Vereins, 3 des Kantons, 2 der Stadt Zürich, 2 der Zürcher Handelskammer, 2 der Schulleitung und 2 der Lehrerschaft. Der Kaufmännische Verein hat ein Mitbestimmungsrecht bei Wahl und Entlassung des Rektors und beim Erlass von Besoldungsreglementen. Die Vereinsversammlung als oberstes Organ genehmigt Voranschlag und Rechnung. Die Schule ist autonom, ein Status, auf den der Kaufmännische Verein Zürich als Träger damals wie heute grossen Wert legt.

Einführung des Klassensystems an der Berufsschule

1926 Die Kaufmännische Schule Zürich führt das Klassensystem ein. Bisher war der Unterricht nach Fächern aufgeteilt, feste Klassen gab es nicht. Die Neuerung ermöglicht eine engere Bindung der Lernenden untereinander, aber auch an Lehrer und Schule. Der neue Lehrplan mit wöchentlich zwei Halbtagen zu je vier bis fünf Unterrichtsstunden will Klarheit und Einfachheit in den Unterricht bringen. Von der Aufteilung der Schulung nach Branchen sieht man ab, weil man die Mobilität im Beruf nach der Lehre nicht beeinträchtigen will.

	Stunden	
Deutsch	80	
Französisch	240	
Korrespondenz und Betriebslehre	120	Handelsfächer 480
Rechtskunde	80	
Rechnen	140	
Buchhaltung	140	
Wirtschaftsgeographie und Staats-/Wirtschaftskunde	80	
Maschinenschreiben	80	
Stenographie	80	
Total in drei Jahren	1040	

Die Kurse für Buchhalter werden zu einer umfassenden betriebswirtschaftlichen Abendhochschule ausgebaut, Lehrer der Schule und didaktisch versierte Spezialisten aus der Praxis teilen sich den Unterricht, der auch Fachgebiete wie Warenkunde und Technologie umfasst.

52 Wochenstunden für Verkaufspersonal

Der Zürcher Detaillistenverband ergreift das Referendum gegen eine vom KVZ unterstützte Vorlage, welche den Ladenschluss um 17 Uhr an Samstagen verordnet. In der Volksabstimmung unterliegt der Detaillistenverband und kündigt darauf die Konvention, die 48 Wochenstunden für Verkäuferinnen vorsah; jetzt gelten wieder 52 Wochenstunden. Der KVZ setzt sich auch im Salärbereich intensiv für seine Mitglieder ein und fordert Gehaltsaufbesserungen und die Wiedereinführung der Gratifikationen.

Der KVZ bleibt Besitzer der Berufsschule

1929 Das 1915 bezogene Vereinshaus war zwar grosszügig geplant, stösst jedoch schon bald an Grenzen, was ein paar Zahlen belegen: 1914/15 zählte der Verein 3000 Mitglieder und ca. 1400 Schüler. 1926/27 sind es rund 5000 Mitglieder und 2408 Schüler. In bewundernswerter Voraussicht hatte der Verein bereits 1918 das angrenzende Grundstück mit der alten und baufälligen Liegenschaft Thalegg erworben, doch der geplante Anbau verzögerte sich wegen Finanzproblemen, verursacht durch zeitweise sinkende Mitgliederzahlen und stark gestiegene Baukosten.

Nach und nach verbessert sich die Situation, die Preise im Baugewerbe sinken, das Projekt bekommt zudem Rückenwind durch einen Entscheid der Stadt: Im Grundbuch war beim Kauf des Grundstückes 1916 ein Kaufrecht der Stadt eingetragen, für den Fall, dass die Handelsschule verstaatlicht würde; ein Passus, der 1928 gelöscht wird, da sich der KVZ als Trägerverein bewährt. Damit gewinnt er seine volle Handlungsfreiheit zurück, lässt die Liegenschaft Thalegg abreissen und kann den dringend benötigten Anbau in Angriff nehmen. Besonders stark ist die Nachfrage nach einem zweiten grossen Saal, aber auch der Schulraum ist inzwischen äusserst knapp geworden.

1929 kann der Ergänzungsbau nach den Plänen von Leuenberger & Flückiger nach nur 15 Monaten Bauzeit in Betrieb genommen werden. Verflüssigte stille Reserven und eine Hypothek der Schweizer Volksbank zu «kulanten Bedingungen» ermöglichen die rasche Realisierung des Projektes, das 1,7 Millionen Franken kostet.

Musischer KVZ: Der Vereinschor beim Ständchen hoch über dem Zürichsee im Frühling 1927.

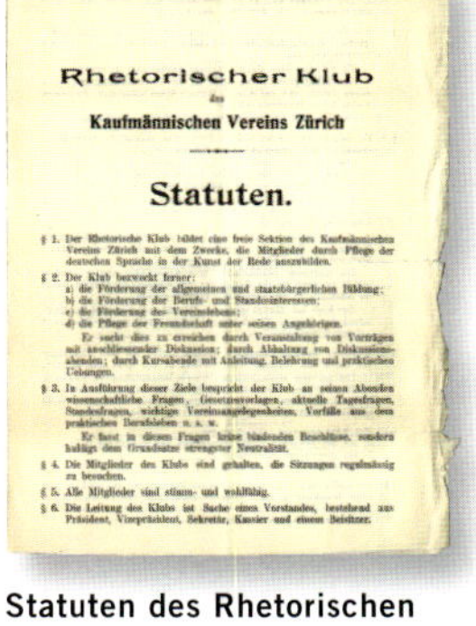

Rhetorischer Klub
des
Kaufmännischen Vereins Zürich

Statuten.

§ 1. Der Rhetorische Klub bildet eine freie Sektion des Kaufmännischen Vereins Zürich mit dem Zwecke, die Mitglieder durch Pflege der deutschen Sprache in der Kunst der Rede auszubilden.

§ 2. Der Klub bezweckt ferner:
a) die Förderung der allgemeinen und staatsbürgerlichen Bildung;
b) die Förderung der Berufs- und Standesinteressen;
c) die Förderung des Vereinslebens;
d) die Pflege der Freundschaft unter seinen Angehörigen.

Er sucht dies zu erreichen durch Veranstaltung von Vorträgen mit anschliessender Diskussion; durch Abhaltung von Diskussionsabenden; durch Kursabende mit Anleitung, Belehrung und praktischen Uebungen.

§ 3. In Ausführung dieser Ziele bespricht der Klub an seinen Abenden wissenschaftliche Fragen, Gesetzesvorlagen, aktuelle Tagesfragen, Standesfragen, wichtige Vereinsangelegenheiten, Vorfälle aus dem praktischen Berufsleben u. s. w.

Er fasst in diesen Fragen keine bindenden Beschlüsse, sondern huldigt dem Grundsatze strengster Neutralität.

§ 4. Die Mitglieder des Klubs sind gehalten, die Sitzungen regelmässig zu besuchen.

§ 5. Alle Mitglieder sind stimm- und wahlfähig.

§ 6. Die Leitung des Klubs ist Sache eines Vorstandes, bestehend aus Präsident, Vizepräsident, Sekretär, Kassier und einem Beisitzer.

Statuten des Rhetorischen Klubs, einer der vielen Freizeitorganisationen des Kaufmännischen Vereins Zürich.

Damit besitzt der KVZ im Herzen der Stadt Zürich ein attraktives Vereins-, Schul- und Gesellschaftshaus mit einem harmonisch angefügten Anbau, dessen Interieur im entschlackten Stil der Zwanzigerjahre erbaut wurde. Der karg, aber elegant wirkende Konzertsaal wird heute Festsaal genannt. Das später unter Denkmalschutz gestellte «Kaufleuten» öffnet sich zunehmend einem breiteren Publikum und wird zu einem kulturellen und gesellschaftlichen Mittelpunkt der Stadt.

Prachtbau: Das erweiterte Vereinshaus Kaufleuten im Zentrum der Stadt Zürich.

Erster Gesamtarbeitsvertrag

1930 Der KVZ schliesst – gemeinsam mit dem VHTL (Gewerkschaft Verkauf, Handel, Transport und Lebensmittel) – mit Coop Zürich (LVZ) einen Gesamtarbeitsvertrag für die Angestellten in Büro und Verkauf ab, der später immer wieder revidiert und angepasst wird.

Eingang im Stil der Dreissigerjahre und ein zweiter, funktional wirkender Saal im neu erstellten Anbau, wo selbst ein Billardzimmer nicht fehlt.

Immer mehr Gesamtarbeitsverträge

1933 Der KVZ engagiert sich bei weiteren Gesamtarbeitsverträgen mit grossen Unternehmen. 1933 zum Beispiel mit dem Migros Genossenschaftsbund und der Genossenschaft Migros Zürich für das kaufmännische und das technische Büropersonal. Vergleichbare Verträge werden in den Dreissigerjahren mit manch anderen Unternehmen, wie Krankenkasse Helvetia oder Allgemeine Baugenossenschaft Zürich, abgeschlossen und immer wieder angepasst.

75 Jahre KVZ: Von der Standesorganisation zum Kämpfer für eine bessere soziale Lage der kaufmännischen Angestellten

1936 «800 Kaufleute beklatschten und bejubelten am Samstagabend ihresgleichen und ihren Beruf», schreibt die «Zürcher Post» über die Feier zum 75-jährigen Bestehen des KVZ, «wie oft haben sie schon darüber geschimpft! Doch im Theater hat die Geschichte ein anderes Gesicht.»

Mitten in der wirtschaftlichen und politischen Krise der Dreissigerjahre feiert der KVZ mit einem Festakt im Stadthaus und einem bunten Abend unter dem Motto «Am Pult und auf der Bühne» im Verbandshaus sein Jubiläum.

Von der Standesorganisation der kaufmännischen Angestellten hat sich der Verein inzwischen zum Kämpfer für die umfassende Verbesserung der wirtschaftlichen, sozialen und rechtlichen Lage der Angestellten und der Lernenden beiderlei Geschlechts entwickelt; immerhin ein Drittel der Mitglieder ist jetzt weiblich. «Die Angestellten verlangen den ihnen zukommenden Anteil am Wirtschaftsertrag und erheben Anspruch darauf, im Staat mitzuberaten und mitzubestimmen», steht in der Schrift zum 100-Jahr-Jubiläum rückblickend auf jene Zeit, «sie betrachten die Wirtschaft nicht als Selbstzweck, sondern als Sache der Gemeinschaft, in deren Mittelpunkt der Mensch stehen muss.»

Die Wirtschaftskrise wirft lange Schatten: Arbeitsamt 1936 in Zürich.

Steigende Arbeitslosigkeit

Die Arbeitslosigkeit steigt und erfasst auch immer mehr Angestellte. Die Arbeitslosenkasse des SKV registriert im Jahr 1936 den Höchststand von 2557 Taggeldbezügern. Bisher bekamen unter 32-jährige ledige Arbeitnehmer ohne Unterstützungspflichten und stellenlose weibliche Angestellte keine Entschädigung – stossende Diskriminierungen, die durch den Druck der Arbeitnehmenden jetzt aufgehoben werden.

1938 wird das Obligatorium der Arbeitslosenversicherung für unselbstständig Erwerbende mit einem Jahreseinkommen bis 5000 Franken und einem Vermögen bis 15 000 Franken eingeführt. SKV und KVZ engagieren sich für die Verbesserung dieser Versicherung.

Erholung der Wirtschaft, starkes Engagement des KVZ in der Berufsbildung

1937 Langsam erholt sich die Schweizer Wirtschaft wieder, namentlich bedingt durch das Anziehen der Exporte. Der KVZ beteiligt sich aktiv an der «Richtlinienbewegung» mit dem Ziel, gemeinsam über alle parteipolitischen oder konfessionellen Gräben hinweg mit einer zukunftsgerechten Wirtschafts-, Finanz- und Sozialpolitik die Erstarkung des Landes zu fördern.

Trotz Wirtschaftskrise, vielen arbeitslosen kaufmännischen Angestellten und aufziehender Kriegsgefahr vernachlässigt der Verein die Muse nicht: Aufführung der Theatergruppe des KVZ im Vereinshaus Kaufleuten.

Die Bewegung wirkt aufbauend und stabilisierend und gewinnt immer mehr Anhänger. Durch verschiedene staatliche Massnahmen wie die Abwertung des Schweizer Frankens verbessert sich der Arbeitsmarkt. Der Kanton Zürich stellt Mittel für die Arbeitsbeschaffung der stellenlosen Angestellten bereit.

Lehrplan, bindend für die Berufsschulen im ganzen Land

1937 erlässt das Bundesamt für Industrie, Gewerbe und Arbeit (BIGA) – gestützt auf das Berufsbildungsgesetz von 1930 – einen für das ganze Land verbindlichen Normallehrplan, der sich im Wesentlichen am Lehrplan der KVZ-Schule orientiert.

Der KVZ beginnt mit der Produktion eigener Lehrbücher, die teils im Lehrmittelverlag der Schule und teils vom Verlag des SKV herausgegeben werden.

Die berufliche Ausbildung der Lehrlinge bleibt ein Hauptanliegen des KVZ, weshalb der Kaufmännische Verein Zürich an der Erneuerung des überholten kantonalen Lehrlingsgesetzes aus dem Jahre 1906 mitarbeitet. Das Gesetz, das viele neue, zeitgemässe Bestimmungen zur Berufslehre und den Lehrabschlussprüfungen enthält, wird von den Stimmbürgern des Kantons Zürich 1938 angenommen.

Zerreissprobe im Zweiten Weltkrieg

1939–45

Der Zweite Weltkrieg bringt neue, grosse Herausforderungen für den KVZ. Viele Mitglieder werden in die Armee eingezogen, der Verein unternimmt sein Möglichstes, um durch Aufrufe und Hilfe bei Härtefällen die Existenz der Wehrmänner zu sichern. Die bei Kriegsbeginn vom Bundesrat erlassene Lohnersatzordnung stärkt die Position der mobilisierten Angestellten. In einer paritätischen Kommission mit Delegierten des KVZ und des Verbandes Züricher Handelsfirmen (VZH) wird die Lohnfortzahlung während des Aktivdienstes im Einzugsgebiet der beiden Verbände erreicht; doch diese setzen sich weiter für ihre Mitglieder ein, namentlich auch im Bereich des Kündigungsschutzes der Wehrmänner.

1939 beschlagnahmt die Stadt die Turnhalle der Liegenschaft Kaufleuten und funktioniert sie zum Bereitschaftsraum für eine Luftschutzkompanie um.

Die Teuerung von 30 Prozent jährlich macht den Haushalten immer mehr zu schaffen. Die Vereinsversammlung vom November 1941 erlässt Richtlinien für Teuerungszulagen von 5 bis 20 Prozent, abgestuft nach Höhe des Salärs, Zivilstand und Unterstützungspflichten der Wehrmänner. 1942 vereinbaren der Schweizerische Kaufmännische Verein und der Schweizerische Werkmeisterverband, die Hälfte der Teuerung bei Monatseinkommen von 500 Franken zu vergüten, wobei sich Ledige und Verheiratete ohne Kinder mit bis zu einem Drittel weniger begnügen müssen.

Manche Exponenten der Schweizer Industrie engagieren sich in schwieriger Zeit persönlich für die Berufsbildung ihres Personals. Ein Vizedirektor der Maschinenfabrik Rüti beispielsweise erteilt Mitarbeitenden jeweils am Sonntagmorgen gratis Stenografieunterricht, ein Beispiel von vielen für ein echtes, persönliches Engagement für die Berufsbildung.

In einer Vereinsversammlung im September 1943 kann immerhin das Fazit gezogen werden, dass die Beschäftigung für Arbeiter und Angestellte «befriedigend» ist.

Dies, weil viele Wehrmänner im Dienst und damit dem Arbeitsmarkt entzogen sind, die Landwirtschaft mehr Arbeitskräfte benötigt und ausbleibende Importgüter zum Teil jetzt im eigenen Land hergestellt werden. Im Kontrast zur Lage in den kriegsverwüsteten Nachbarländern ist die Situation in der Schweiz bedeutend besser. 1944 wird die Teuerung nur zur Hälfte ausgeglichen; der durchschnittliche Reallohnverlust während des Krieges beträgt 20 Prozent.

J. Bottini auf dem Münsterhof, Zürich 1944.

Am 14. Oktober 1944 spricht J. Bottini, Sekretär des Kaufmännischen Vereins Zürich und Zürcher Kantonsrat, an der Grosskundgebung auf dem Münsterhof vor 10'000 Menschen und fordert Existenzsicherung sowie soziale Sicherheit für die arbeitende Bevölkerung und ihre Familien.

Kampf des KVZ für faire Löhne bei anziehender Konjunktur

1946

Eine KVZ-Mitgliederversammlung im Januar 1946 verlangt die Wiederherstellung der Kaufkraft durch eine Lohnerhöhung von mindestens 15 Prozent und eine automatische Anpassung der Löhne an die Teuerung. Der KVZ kämpft in der Folge an vorderster Front für die Anpassung der Löhne an den Lebenskostenindex. SKV und KVZ setzen sich mit Nachdruck dafür ein, dass die Angestellten ihren gerechten Anteil an der Produktivitätssteigerung der Wirtschaft bekommen.

Statt der befürchteten grossen Arbeitslosigkeit nach dem Krieg trocknet der Schweizer Arbeitsmarkt aus, Hunderttausende von Fremdarbeitern, wie man die Gastarbeiter nennt, strömen ins Land. Der ungewohnte Begriff «Hochkonjunktur» löst das Wort «Krise» ab, das so lange das wirtschaftliche Vokabular beherrscht hat. Doch für den KVZ gibt es weiterhin viel zu tun: Vertreter des Vereins diskutieren in einer Expertenkommission kurz nach dem Krieg das neue kantonale Feriengesetz, das, angenommen in Volksabstimmungen 1952 und 1960, die Ferienansprüche der Angestellten erweitert und festschreibt. Ebenso setzt sich der KVZ für die Erhöhung der Kinderzulagen ein.

Die AHV wird vom Volk wuchtig angenommen

1947

Das Jahr 1947 geht in die Annalen der Schweizer Geschichte ein, denn am 6. Juli nehmen die Schweizer Stimmbürger – die Frauen hatten das Stimmrecht noch nicht – das Bundesgesetz über die Alters- und Hinterlassenen-Versicherung wuchtig an.

Der KVZ und auch der nationale Kaufmännische Verband haben im Vorfeld des Plebiszits bei den Mitgliedern intensive Aufklärungsarbeit geleistet und sich im kantonalen Aktionskomitee engagiert. Die Mitglieder des KVZ bringen grosse Mittel zugunsten des AHV-Fonds auf, aus dem die ersten Renten für kaufmännische Angestellte im Ruhestand ausbezahlt werden. Ein epochales Sozialwerk ist damit auf Kiel gelegt.

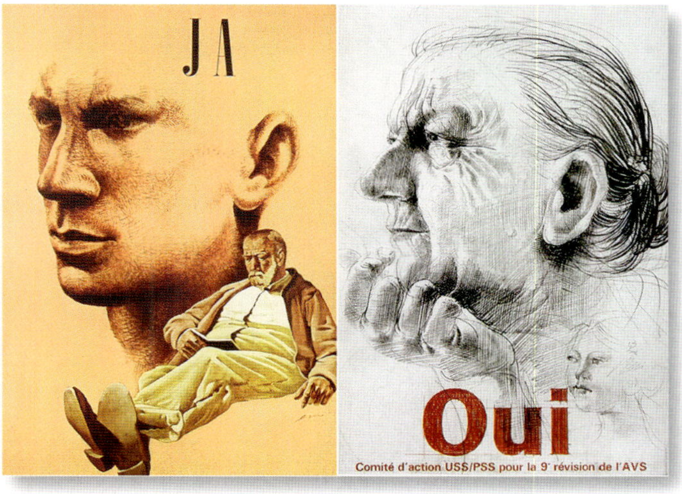

Epochales Sozialwerk: Plakate von Hans Erni zur AHV-Abstimmung von 1947.

Karges Design, kompetente Bedienung: Drogerie in den 50er-Jahren.

1948 Der KVZ schliesst einen Gesamtarbeitsvertrag (gemeinsam mit dem Verband des Personals Öffentlicher Dienste VPOD) mit der Schweizerischen Krankenkasse Helvetia ab. Weitere Gesamtarbeitsverträge für das kaufmännische Personal folgen, 1951 zum Beispiel mit der Schweizerischen Kranken- und Unfallkasse.

Blick in die Zukunft: Aus der Schriftenreihe des Schweizerischen Kaufmännischen Vereins

1954 «Deformation professionnelle – oder Kampf dem Arbeitsteufel», verfasst von Alfons Galliker, eine Schrift aus der KVZ-Reihe «Gegen das Gehetztsein und die Vergeudung der Zeit». «Wie rettet der Mensch sich heute vor dem Zwang und Zugriff der Maschine? Was schützt ihn davor, nur noch Objekt überpersönlicher Automatismen und damit unkontrollierbarer anonymer Mächte zu werden? Soll man die Maschinen zerschlagen und die Technik verfluchen, um so die kulturelle Zeitkrise zu überwinden?», fragt der Autor. Eine Antwort gibt der deutsche Kulturphilosoph Oswald Spengler (1880–1936), den Galliker zitiert: «Bevor das (20.) Jahrhundert zu Ende geht, werden Menschen von tieferem Geist sich mehr und mehr dem Nachdenken über den Sinn des Lebens und der Zurückgezogenheit zuwenden als der Wissenschaft und Technik, die heute die Menschen fesseln. Die Europäer werden in den nächsten 50 Jahren eine tiefe Verwandlung ihres Charakters durchmachen, und diese Verwandlung wird das Schicksal ihrer Kultur bestimmen.»

Auch Kulturphilosophen können sich irren …

Aufbruch an der Kaufmännischen Berufsschule

1955 Nach dreissigjährigem Einsatz in bewegter Zeit tritt Joseph Burri, Rektor der Kaufmännischen Berufsschule Zürich, zurück. Seine Nachfolge tritt der Handelslehrer Albert Märki an, dessen Augenmerk der Modernisierung des Unterrichts, der methodischen und pädagogischen Qualität sowie der Schaffung neuer Lehrmittel und innovativen Formen des Lernens gilt.

KVZ-Vorstandssitzung 1954 unter Art-déco-Leuchte im Sitzungszimmer im Vereinshaus.

Dauerbrenner Ladenschlusszeiten

1957 Seit Kriegsende gewinnt die Frage der Arbeitszeit an Intensität. Der KVZ wie auch der nationale Kaufmännische Verband beziehen zum geplanten Bundesgesetz Stellung zugunsten der Arbeitnehmenden. Ein Dauerbrenner auf der Traktandenliste des KVZ sind denn auch die Ladenschlussverordnungen. Die Bastionen des Ladenschlusses, werktags um 18.30 Uhr und samstags um 17 Uhr sowie das Verkaufsverbot an Sonntagen, werden in Zukunft nicht zu halten sein.

Aktive Frauen

1958 Die Frauen im KVZ sind seit der Gründung der «Kolleginnengruppe» rund vierzig Jahre zuvor zunehmend aktiv und beflügeln die Initiativen anderer Sektionen in Fragen, die das Soziale, die Gleichstellung und Bildung betreffen.

Bereits nehmen Frauen mit über 30-jähriger Vereinszugehörigkeit an den Veteranentreffen teil. Die KVZ-Frauen pochen immer stärker auf die Gleichberechtigung. Auf der KVZ-Vereinsversammlung vom 26. November 1958 wird das Stimm- und Wahlrecht auf eidgenössischer Ebene verlangt, worauf die Frauen freilich bis zur Volksabstimmung am 7. Februar 1971 warten müssen.

Als grösster Angestelltenverband der Region Zürich engagiert sich der KVZ in der Nachkriegszeit an vielen Fronten, erhebt seine Stimme in Expertenkommissionen, macht Vorschläge und setzt Druck auf. Zum Beispiel bei der kantonalen Feriengesetzgebung, beim Steuergesetz und den Ladenschlussregelungen, bei der Förderung des Wohnungsbaus, bei der Diskussion um die Leistungen der AHV und später bei der beruflichen Vorsorge (BVG).

Hohe Priorität haben weiterhin alle Fragen der beruflichen Aus- und Weiterbildung. Das Konzept der Ausbildung ist in Bewegung; statt reiner Wissensvermittlung sollen die Denkschulung und das Erarbeiten von Zusammenhängen einen höheren Stellenwert bekommen. Die Schule befasst sich intensiv mit diesen Perspektiven und experimentiert mit neuen Lehrmethoden und technischen Unterrichtsmitteln wie Sprachlabors, audiovisuellem und programmiertem Unterricht – Innovationen, auf die man grosse Hoffnungen setzt.

Besserstellung des Verkaufspersonals

1959 Der KVZ unterzeichnet mit dem Gewerbeverband der Stadt Zürich eine für die Arbeitgeber bindende Vereinbarung, in der die Anstellungsbedingungen des Verkaufspersonals geregelt werden – eine Etappe auf dem langen Weg zur Besserstellung einer vernachlässigten Berufsgruppe.

Sanierung des Verbandshauses Kaufleuten

1960 Die Handelsschule des Kaufmännischen Vereins Zürich zählt im Wintersemester 1960/61 exakt 3809 Schülerinnen und Schüler sowie 1875 Teilnehmende an Kursen für Angestellte. Die Zahl der Lehrkräfte hat sich innert 30 Jahren auf gegen 180 verdoppelt, die steigenden Bedürfnisse sprengen das Raumangebot. Der KVZ mietet darum das Verwaltungsgebäude des Elektrizitätswerkes des Kantons Zürich an der Schöntalstrasse wenige Gehminuten vom Schulhaus an der Pelikanstrasse entfernt mit elf neuen Schulzimmern. Küche und Restaurant im Vereinshaus Kaufleuten werden erweitert und modernisiert; zwei Jahre vorher unterzog man den Konzertsaal, das Foyer und die Garderobe einer gründlichen Renovation. Kosten beider Projekte: rund eine halbe Million Franken.

Fortbildungskurs für Kaufleute...

...und Konzentration im Schachklub des Vereins.

Wie eine Szene aus einem alten Film: Pulsierendes Leben rund ums «Kaufleuten» im Jahr 1961.

Bildung und Kultur grossgeschrieben, nicht nur im Jubiläumsjahr.

100 Jahre KVZ - 1861-1961

Aufruf

zur Äufnung einer Jubiläumsspende zur Förderung von Bildung und Kultur im KVZ

Einer Anregung aus Mitgliederkreisen und guter Tradition folgend, haben der Vereinsvorstand und das Organisationskomitee für das Vereinsjubiläum beschlossen, zur Erinnerung an das hundertjährige Bestehen des KVZ eine Sammlung unter den Vereinsmitgliedern, Freunden und Gönnern durchzuführen. Deren Ertrag soll einem vierfachen ideellen Zweck dienen.

Am 7. März 1861 wurde der «Verein junger Kaufleute», der heutige Kaufmännische Verein Zürich, von vorwärtsstrebenden Handelsbeflissenen gegründet, «mit dem Zweck der Vervollkommnung der dem Kaufmanne nötigen Kenntnisse».

Das erste Vereinsjahrhundert stand im Zeichen gewaltiger technischer Fortschritte und Erfindungen, die den Weg bereiteten zur unaufhaltsamen Industrialisierung und für die stürmische Verkehrsentwicklung auf Schiene, Straße und in der Luft. Unternehmungsgeist, Qualitätsarbeit und universelle Handelsbeziehungen sicherten der Schweiz einen ehrenvollen Platz auf den Weltmärkten. Der Schweizer Kaufmann genießt, dank seiner Zuverlässigkeit, internationales Ansehen und Vertrauen.

Parallel zu dieser Entwicklung nahm das Heer der Angestellten ständig zu. Aber auch die Anforderungen, die an das berufliche, fachliche und fremdsprachliche Wissen und Können der Handelsbeflissenen heute gestellt werden, wurden erhöht. Moderne Arbeitsmethoden und -techniken sind entwickelt worden, neue Angestelltenfunktionen und -berufe entstanden. Den höheren Fach- und eidg. Diplomprüfungen für Angestellte wie auch der Handelsmatura kommt vermehrte Bedeutung zu.

Apparate und Maschinen, Automaten und Elektronengehirne, deren Bedienung z. T. abstraktes Denken und mathematische Kenntnisse voraussetzt, haben Eingang in die Kontore von Handel und Verwaltung gefunden. Sie zwingen zur Erarbeitung von Spezialkenntnissen, zu umwälzenden Neuerungen im Arbeitsablauf und tiefgreifenden Umstellungen. In absehbarer Zeit dürften auch strukturelle Veränderungen im Berufsstand der Angestellten eintreten. Anderseits bedingen die gesteigerte Arbeitsintensität und das Arbeitstempo die Verkürzung der Arbeitszeit und eine entsprechende Verlängerung der Ruhe- und Freizeit, damit sich Körper und Geist entspannen und erholen können.

100 Jahre KVZ: Mit vollen Segeln in die Zukunft

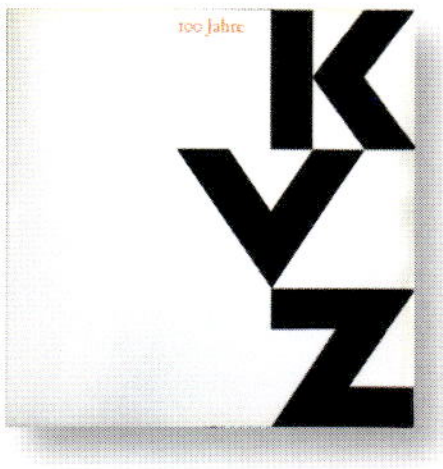

1961 Mitten in der Hochkonjunktur feiert der KVZ mit geschwellter Brust das hundertjährige Bestehen. «Der Kaufmännische Verein Zürich hat in den ersten hundert Jahren seines Bestehens eine eindrückliche Entwicklung durchgemacht», schreibt Geschäftsleiter Hans Hartmann in der Jubiläumschronik, «er geniesst in der Öffentlichkeit, bei Behörden, bei Arbeitgebern und Angestellten ein hohes Ansehen.»

Nicht mehr primär Salärfragen stehen jetzt im Vordergrund, sondern angesichts der erhöhten psychischen Belastung der Angestellten im Beruf müsse dem Bedürfnis nach vermehrter Freizeit durch eine Verkürzung der Arbeitszeit, Einführung der Fünftagewoche und verlängerte Ferien Rechnung getragen werden.

Die Freizeitabteilung des KVZ reagiert auf diese Entwicklung mit mehr Ferienkursen für Sprachen, Bildungsreisen und Skilagern. Ein Zeichen der Zeit ist die neue psychologische Beratungsstelle für die Lernenden mit der trendigen englischen Bezeichnung «Talk over».

1963 Das neue Eidgenössische Berufsbildungsgesetz gibt die Kompetenzen für die Berufsbildung an den Bund ab, die Kantone vollziehen das Bundesgesetz, das in den folgenden Jahren und Jahrzehnten jedoch dazu führt, dass die Kantone die berufliche Ausbildung finanzieren und die kaufmännische Bildung in den meisten Kantonen kantonalisiert wird.

Die starken Sektionen KV Zürich und KV Winterthur behalten dank vergleichsweise hoher Eigenleistung die private Trägerschaft ihrer Berufsschulen. Der KVZ schiesst keine finanzielle Mittel in die Basisausbildung ein, erbringt jedoch grosse Zusatzleistungen für die Lernenden im Bereich Betreuung, Freizeitgestaltung und Weiterbildung; die Firmen bezahlen pro Lernenden einen Jahresbeitrag, der den Eigenleistungen des KVZ zugerechnet wird.

Aufstand an den Universitäten, Ruhe an der Kaufmännischen Berufsschule

1968 Die höhere Wirtschafts- und Verwaltungsschule HWV nimmt ihren Unterricht als Abteilung der Schule des KVZ mit nebenamtlichen Dozenten auf. Die Achtundzechzigerbewegung, der Aufstand der Jugend an den Universitäten, tangiert die Lehrlinge an der Schule des Kaufmännischen Verbandes Zürich wenig. In der Schule bleibt es ruhig, denn die Lernenden, die im dualen System bereits im Berufsleben stehen, haben andere Prioritäten als die militanten Studierenden, welche das «Establishment» stürzen und die Welt verändern wollen.

Jugendrevolte: Während die Lehrlinge an der Berufsschule des KVZ ruhig bleiben, brodelt es an den Universitäten: «Teach-in» zum Globuskrawall im Juli 1968 in der Universität Zürich.

KV Zürich Business School: neues Schulgebäude am Escher-Wyss-Platz

1974 Der KVZ bezieht sein neues Schulgebäude am Escher-Wyss-Platz. Bisher wurden die Lernenden im Verbandsgebäude an der Pelikanstrasse und in anderen Liegenschaften in der Zürcher City in meist veralteten, kleinen Schulräumen ausgebildet, die den Anforderungen an eine moderne Handelsschule nicht mehr genügten. 1969 haben die ersten Kontakte stattgefunden, wenig später erwarb der KVZ das rund 9400 Quadratmeter umfassende dreieckige Grundstück mit einer Abbruchliegenschaft für 12,6 Millionen Franken. Die Architekten Schwarzenbach & Maurer entwarfen ein funktionales Gebäude im Stil der Siebzigerjahre.

Trotz Opposition der Lehrerschaft und aus der Politik wegen des als ungünstig erachteten Standortes am gesichtslosen Escher-Wyss-Platz in einem damals wenig attraktiven Randquartier konnten das Bauprojekt 1970 bereinigt und die auf dem Grundstück stehenden Bauten abgebrochen werden.

1971 wurde mit dem Bau des Schulhauses durch Generalunternehmer Karl Steiner begonnen. Es handelt sich um einen Komplex, in dem sich hundert Unterrichtszimmer mit Nebenräumen um ein Atrium gruppieren, das manche allerdings eher an einen Gefängnishof erinnert – ein Eindruck, den später helle Farben und bauliche Retuschen abschwächten.

Vier Turnhallen, ein Hallenbad, mehrere Hörsäle, eine Bibliothek, ein Restaurant, Büros für die zwanzig Mitarbeitende umfassende Verwaltung und eine Parkgarage runden das Raumprogramm des grosszügigen Schul- und Sportzentrums ab. Im Herbst 1974 beziehen die Klassen des KVZ das neue Unterrichtsgebäude, der KV Zürich Business School, wie die Unterrichtsstätte in moderner Terminologie heisst. Mit dabei ist auch die 1972 gegründete Abteilung Berufsmittelschule (MBS).

Wo der Bau der KVZ-Schule am Escher-Wyss-Platz geplant war, standen Altbauten, die man 1971 abriss und zum Teil sprengte.

Nach einer Planungs- und Bauzeit von fünf Jahren realisiert der Verein das ambitiöse Projekt, das inklusive Mobiliar rund 57 Millionen Franken kostet. Finanziert wird der Bau namentlich von Bund und Kanton Zürich (35 Millionen Franken), der KVZ nimmt bei Banken Hypotheken auf und steuert auch eigene Mittel bei.

Die neue Berufsschule
des KVZ im Rohbau; eine
moderne Bildungsstätte mit
hundert Unterrichtszimmern,
Turnhalle, Schwimmbad
und vielen Nebenräumen.

Helles, funktionales Restaurant und neuzeitliche Schulzimmer.

Training an der Rechenmaschine, dem unverzichtbaren Werkzeug der Kaufleute.

Die neue KV Zürich Business School, ein Monument der Architektur der 1970er-Jahre.

Sprachlabor: Zur Zeit der Eröffnung der KV Zürich Business School die modernste Art, eine Fremdsprache zu lernen.

Computer, gross wie Kühlschränke, eröffnen neue Horizonte der Datenverarbeitung.

Empfang der KV Zürich Business School mit einer Kasse, um Lehrmittel oder einen Fortbildungskurs zu bezahlen.

Das grosszügige Atrium der neuen Berufsschule mit den Zugängen zu den Schulräumen.

Schwungvoller Aufgang zum Entrée der Berufsschule.

Renovation und Öffnung des Verbandshauses für die Bevölkerung

Das Restaurant «Zur Kaufleuten», das bisher vor allem von KV-Schülern frequentiert wurde und eher einer Betriebskantine glich, unterzog man nach dem Wegzug der Schüler ins neue Schulhaus einer Renovation. «Wir entschlossen uns dazu, das bisher eher wenig Atmosphäre ausstrahlende Restaurant in ein ansprechendes, freundliches Stadtrestaurant umzubauen», sagt KVZ-Präsident Hans Appenzeller anlässlich der Widereröffnung am 12. August 1974, «alle Voraussetzungen sind nun geschaffen, dass sich in Zukunft eine neue City-Kundschaft bei äusserst preiswerten Verpflegungsmöglichkeiten wohl fühlen dürfte.»

Für Ambiente sorgen aus New York importierte Tiffany-Lampen in dem im angesagten «Mövenpick-Stil» mit Backsteinmauern und Gebinden aus Trockenblumen geschmückten Lokal. Man wollte eine Ambiance schaffen, die an die Zwanzigerjahre erinnert, «an die Zeit des Überganges vom Jugendstil zum Charleston», wie es in den Presseunterlagen heisst. Die Menüs kosten zwischen 5.20 und 7.80 Franken, «und zwar inkl. Service», wie Pächter Wittwer betont. Wer edler speisen will, wählt aus einer Spezialitätenkarte.

Die oberen Stockwerke im Verbandshaus, die wegen des Umzugs der Schule nun frei werden, vermietet der Verein als Büros. In den defizitären Sälen will der Verein ein Kleintheater oder ein Kino einrichten, «was die City kulturell aufwerten und abends etwas zu beleben vermöchte». Einer der Säle sollte für Veranstaltungen des KVZ, für befreundete Vereine und andere Interessenten weiterhin reserviert bleiben. Während die Welt unter der Vervielfachung des Erdölpreises durch die arabischen Scheichs ächzt und die wirtschaftliche Zukunft auch in der Schweiz grosse Sorgen bereitet, legt der KVZ mit der Öffnung des Verbandshauses für ein grösseres Publikum den Grundstein zum lebendigen Treffpunkt mitten in der City, der schon bald zur wichtigsten Einnahmequelle des KVZ werden sollte.

Andrang vor dem «Kaufleuten», dem Verbandshaus in der Zürcher City, wo abends Vorträge und Diskussionen stattfinden.

Das Restaurant im «Kaufleuten» im damals trendigen Mövenpick-Stil.

Neuerungen in der kaufmännischen Lehre

Das neue Prüfungsreglement des Bundesamtes für Industrie, Gewerbe und Arbeit (BIGA) für die kaufmännische Lehre tritt in Kraft. Der damit verbundene neue Lehrplan bringt eine quantitative und qualitative Verbesserung des Berufschulunterrichts mit jetzt anderthalb Schultagen pro Woche.

Neu sind auch zwei Ausbildungsrichtungen: Typ R mit Schwerpunkt Rechnungswesen und Typ S mit Schwerpunkt Sprachen/Sekretariat. Alle Lernenden werden jetzt in die elektronische Datenverarbeitung EDV eingeführt.

KV Schweiz mit eigenem Domizil

Während Jahrzehnten war der KV Schweiz, der ja nach dem KVZ gegründet wurde, Untermieter im Haus des Kaufmännischen Vereins Zürich. Mit steigender Bedeutung und grösserem Selbstbewusstsein des Landesverbandes sucht der KVS ein neues Domizil, das er in Zürich-Enge findet und 1974 bezieht.

1975

Schwere Rezession wegen Ölkrise

Im Gefolge der Ölkrise wird die Schweizer Wirtschaft von der schwersten Rezession der Nachkriegszeit getroffen. Das Bruttosozialprodukt sinkt im Vergleich zum Vorjahr um gegen 7 Prozent – mit einschneidenden Konsequenzen für den Arbeitsmarkt. Das – neben der Ausbildung – wichtigste Engagement des KVZ verschiebt sich von der Teuerungsbekämpfung, dem sozialen Schutz und dem Aufbau der Altersvorsorge in den Sechzigerjahren jetzt zur Bewältigung der dramatisch ansteigenden Arbeitslosigkeit.

Positiver Aspekt der Ölkrise: Rollschuhlaufen auf einer verwaisten Autobahneinfahrt während eines autofreien Sonntags im November 1973.

1978

Aus dem Verein wird ein Verband

Der «Kaufmännische Verein», wie er seit 1866 heisst, benennt sich in «Kaufmännischer Verband Zürich» um. In den Statuten steht: «Art 1: Der Kaufmännische Verband Zürich (KVZ) ist ein Verein im Sinne von Artikel ff. des ZGB. Er ist im Handelsregister eingetragen. Der Verband hat seinen Sitz in Zürich. Der KVZ ist eine Sektion des KV Schweiz und anerkennt dessen Statuten.»

Kantone entscheiden neu über die Führung von Berufsschulen

Das Bundesgesetz über die Berufsbildung von 1978 überträgt den Kantonen die Organisation des beruflichen Unterrichts und die Errichtung von Berufsschulen. Jeder Kanton entscheidet jedoch selbst über die Unterrichtsorganisation und legt fest, ob er die Schulführung übernimmt oder ob er eine nichtstaatliche Organisation unter seiner Aufsicht damit betrauen will. Der KVZ kämpft für die private Trägerschaft der Berufsschule und gegen die Kantonalisierung.

KV Zürich Business School als Grossbetrieb

1978 «Gegen Ende der siebziger Jahre wächst sich die Schule in administrativer Hinsicht immer mehr zu einem unternehmensartig zu führenden Grossbetrieb aus», steht in der Schrift zum 125-jährigen Bestehen des KVZ. Das Informationswesen wird nach innen und aussen ausgebaut, mit Informationstagungen intensiviert man den Kontakt zur Wirtschaft. Die neuen Kurse für Personal- und Lehrlingschefs verbessern die Zusammenarbeit von Schule und Lehrbetrieben.

Der Apothekerverein des Kantons Zürich (AVKZ) unterzeichnet mit dem KVZ eine Vereinbarung, welche das gute Einvernehmen zwischen Arbeitgeber und Arbeitnehmer fördert, die positive Zusammenarbeit festschreibt und Arbeitsbedingungen vereinbart.

«Gleiche Rechte für Mann und Frau»

1981 Am 14. Juni 1981 nehmen die Schweizer Stimmbürger die Volksinitiative «Gleiche Rechte für Mann und Frau» mit einem Ja-Mehr von 60,3 Prozent an. 14 Kantone und drei Halbkantone befürworten die Vorlage.

Der KVZ setzt sich seit Jahren ein gegen Diskriminierung aufgrund des Geschlechtes und des Zivilstandes, er kämpft für Chancengleichheit und für Arbeitsformen, die Familie und Beruf in Einklang bringen. Doch noch bleibt viel zu tun.

Die KVZ-Berufsschule bleibt unter der privaten Trägerschaft

1984 An der kantonalen Volksabstimmung vom 2. Dezember 1984 zum «Gesetz über die Trägerschaft der Berufsschulen» votiert das Zürcher Stimmvolk mit knappem Mehr dafür, dass grundsätzlich der Kanton Träger der Berufsschulen sein soll, ausser die entsprechenden Bildungsstätten leisten mindestens zehn Prozent an die Betriebskosten der Schule.

Das Gesetzespaket umfasst unter dem Titel «Aufgabenteilung, Lastenausgleich» eine Vielfalt von Regelungen, was den Stimmbürgern die Meinungsbildung erschwert. Der KVZ hat es offensichtlich versäumt, wirkungsvoll für seine Position zu kämpfen und auf seine Leistungen, beispielsweise in der Weiterbildung, hinzuweisen. Die Verbandsoberen reagieren nach dem Plebiszit aufgeschreckt; denn theoretisch ist jetzt die Kantonalisierung der KVZ-Berufsschule möglich.

Wegen der sinkenden Bundessubventionen und anderer Faktoren verstärkt sich generell das finanzielle Engagement des Kantons in der Berufsbildung, was die Tendenz zur Verstaatlichung erhöht.

Nach der Abstimmungsniederlage kämpft der Verband mit aller Kraft für seine Autonomie, zumal seine Berufsschule die Zehn-Prozent-Limite an Eigenleistungen beträchtlich übertrifft. Mit einem massgeschneiderten Trägerschaftsgesetz kann sich denn auch seine Berufsschule einen Sonderstatus als private kaufmännische Ausbildungsstätte mit öffentlichem Auftrag sichern.

Die finanzielle Eigenleistung generiert der KVZ namentlich durch Beiträge der Lehrfirmen an die Ausbildung der Lernenden, durch Schulgelder aus Weiterbildung und durch Immobilieneinnahmen. Die Lehrersaläre bezahlt der Kanton.

Ein wichtiger Grund, dass der KVZ den Status der privaten Trägerschaft behalten kann, ist ausser der Stärke des Verbandes auch der Support der bürgerlichen Kräfte im Kantonsrat, vertreten durch den Verband Zürcher Handelsfirmen mit über 1600 Mitgliedfirmen und die Zürcher Kreditinstitute. Diese Abnehmer Tausender von Lernenden in die Berufswelt sind dezidiert gegen die ordnungspolitische Verstaatlichung der KV-Ausbildung in Zürich. Die Vorstellung, dass im kantonalen Kaspar-Escher-Haus über die KV Zürich Business School bestimmt würde, mobilisiert starke Kräfte in der Mitte und auf der Rechten des politischen Spektrums.

Die kleineren Kaufmännischen Vereine Horgen, Zürichsee rechtes Ufer, Uster und Winterthur sind hingegen bei der vom Gesetz geforderten Eigenleistung nicht mehr in der Lage, ihre Schulen selbst zu tragen, und werden darum zu kantonalen Berufsschulen.

1985

Das Bundesgesetz über die Berufliche Altersvorsorge (BVG) tritt in Kraft

Nach mehreren Volksinitiativen und langer Vorbereitungszeit hatte das Schweizer Stimmvolk 1972 wuchtig für die Einführung der sogenannten zweiten Säule gestimmt und die Initiative der PdA für eine Volkspension bachab geschickt. Der gesetzliche Prozess war so komplex, dass das Bundesgesetz über die berufliche Vorsorge erst 1982 erlassen und 1985 in Kraft gesetzt werden konnte. Das BVG mit dem System der Kapitaldeckung ergänzte die AHV (Umlageverfahren), litt jedoch unter Geburtsfehlern wie der mangelnden Freizügigkeit.

Immer mehr Computerunterricht

Der Andrang zu den Computerkursen wächst. Um dem Boom im Bereich Informatik Rechnung zu tragen, rüstet die KV Zürich Business School 1981 und 1984 insgesamt vier Schulzimmer mit Personal Computern aus. Eine EDV-Koordinationskommission wirkt ab 1985 beratend in allen Fragen der Informatik.

Faszinosum und Objekt der Angst: KV-Lernende mit Computer.

Zahlenmässige Entwicklung der Schule seit ihren Anfängen

Jahr	Schüler: Pflichtschüler	Schüler: davon weiblich	Schüler: Teilnehmer höhere Kurse	Schüler: Kandidaten LAP**	Lehrer	Finanzen***: Total Ausgaben in Franken	Subventionen in Franken: Bund	Subventionen in Franken: Kanton Zürich	Subventionen in Franken: Stadt Zürich	Lehrerhonorare in Franken
							seit 1891	seit 1875	seit 1887	
1890	240*	0%	·	·	·	18 000	·	1 500	2 500	13 000
1900	665*	0%	·	34	19	73 000	20 000	9 000	16 500	52 000
1910	1099	2%	·	102	40	172 000	52 500	26 900	32 000	128 000
1920	1262	19%	150	312	48	604 000	240 000	109 000	90 000	408 000
1930	1590	32%	533	523	81	721 000	271 000	156 000	122 000	473 000
1940	1564	36%	578	583	70	622 000	165 000	151 000	140 000	385 000
1950	2404	46%	1257	805	113	1 273 000	300 000	293 000	362 000	907 000
1960	3749	56%	2116	998	181	2 660 000	561 000	636 000	607 000	1 999 000
1970	3402	56%	3034	1084	191	6 107 000	1 262 000	1 728 000	1 434 000	4 576 000
1980	5462	60%	6857	1876	258	24 165 000	4 117 000	7 479 000	5 815 000	14 203 000
1984	5516	60%	6866	2224	239	31 279 000	3 111 000	9 784 000	9 399 000	18 525 000

* einschliesslich Angestellte in wahlfreien Kursen ** ohne Repetenten ***gerundete Beträge

Handelsschule KV Zürich – Soll und Haben

Gliederung der Ausgaben (1985)

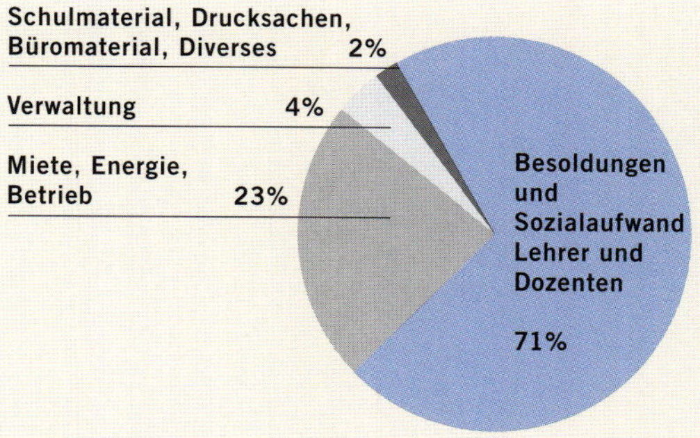

Gliederung der Einnahmen (1985)

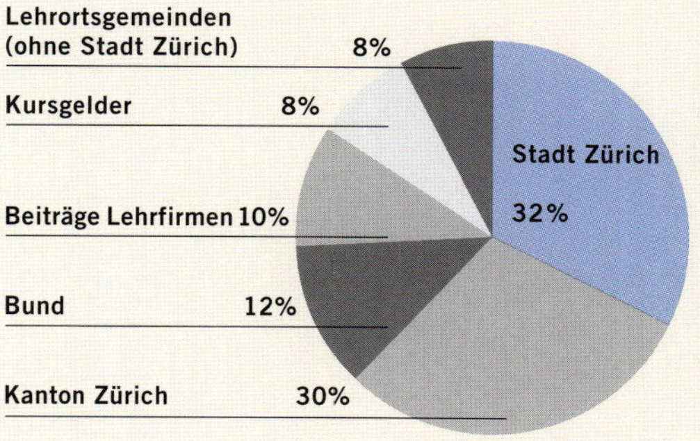

Die Mindestlöhne der kaufmännischen Angestellten

1927: 200 Franken
1985: 2400 Franken
(nach dreijähriger Lehre)

Der wichtigste Partner des KVZ auf der Arbeitgeberseite ist und bleibt der Verband Zürcher Handelsfirmen (VZH) mit 1600 Unternehmen als Mitglieder.
Der KVZ hatte mit dem Verband Zürcher Handelsfirmen schon kurz nach dessen Gründung im Jahr 1920 Gesamtarbeitsverträge für die verschiedenen Personalgruppen ausgehandelt, die immer wieder angepasst werden.

Monika Weber wird Generalsekretärin des SKV

1985 wird Monika Weber Generalsekretärin des Schweizerischen Kaufmännischen Verbandes und engagiert sich sofort mit einem Postulat auf Bundesebene für die Freizügigkeit bei den Pensionskassen. Bis 1984 war sie Mitglied des Zürcher Kantonsrates, 1982 wurde Monika Weber als Vertreterin des Landesrings der Unabhängigen (LdU) in den Nationalrat gewählt, 1987 nimmt sie Einsitz in den Ständerat. Monika Weber setzt sich mit viel Engagement für die Belange der kaufmännischen Angestellten ein.

Monika Weber, engagierte Generalsektretärin des Schweizerischen Kaufmännischen Verbandes, und KVZ-Geschäftsleiter Josef Müller.

1986 bis 2011

Peter Vonlanthen, der neue KVZ-Geschäftsleiter: politisch links und engagiert

1986 Peter Vonlanthen wird als neuer Geschäftsleiter des Kaufmännischen Verbands Zürich gewählt. Ein Linker, wie er sich selber charakterisiert, der seine Familie und seinen beruflichen Werdegang als «Puzzle» bezeichnet. Mit Wurzeln im Tessin und im Kanton Freiburg verbrachte er seine Kindheit an verschiedenen Orten im Lande, da seine Eltern im Restaurant- und Hotelgewerbe tätig waren. Während eines Teils seiner Jugend lebte er in der Obhut seiner Grosseltern auf einem Bauernhof im Tessin. In einem katholischen Internat wurde er von Jesuiten auf die Matur vorbereitet. «Damals fand ich dieses Umfeld belastend», sagt er im Rückblick, «jetzt weiss ich, es war das Beste, was mir passieren konnte, die intellektuellen Anforderungen waren hoch.»

In seiner «Sturm-und-Drang-Zeit», wie er es nennt, engagierte er sich in linken Gruppierungen, war Mitglied der kommunistischen Partei der Arbeit (PdA) und für kurze Zeit auch der Revolutionären Marxistischen Liga. Ein Querulant sei er gewesen, im Clinch mit dem helvetischen Establishment. «Das ist längst vorbei, doch bis heute habe ich eine kritische Haltung gegenüber Gesellschaft und Wirtschaft», sagt Peter Vonlanthen, ein engagierter, immer noch politisch linksorientierter Genussmensch und Globetrotter, der sich in Asien und Lateinamerika besonders wohlfühlt.

Peter Vonlanthen (r.), der neue KVZ-Geschäftsleiter an der Front: Unterschriftensammlung für die Initiative zur Freizügigkeit bei den Pensionskassen.

Statt des geplanten Studiums an der Universität Bologna stieg er in die Berufswelt ein und arbeitete bei mehreren Firmen, wo man ihn nicht wegen seiner politischen Einstellung anheuerte, sondern wegen seiner raschen Auffassungsgabe, dem Sinn für Marketing und der Fähigkeit, Menschen zu führen.

Rasch kletterte er auf der Karriereleiter zum Personalchef hoch und setzte sich dann während mehrerer Jahre als Zentralsekretär der Gewerkschaft Textil, Chemie, Papier (GTCP) für die Anliegen der Arbeitnehmenden ein. Er war zuständig für Schulung, Information und Werbung, eine Erfahrung, die ihm später bei der Führung des Kaufmännischen Verbandes Zürich sehr zugute kommen sollte: «Bei der Gewerkschaft Textil, Chemie, Papier habe ich das Handwerk der Verbandsleitung gelernt.» Dann wechselte er zum selbstverwalteten Studentenreisedienst SSR über, wo er unter anderem für das Marketing zuständig war.

Als der für die Wahl zuständige Vorstand des KVZ Peter Vonlanthen anfragte, ob er als Geschäftsleiter des KVZ zur Verfügung stehe, liess dieser aus dem fernen Java verlauten, er sei nur interessiert, wenn man die Zahl der Kandidaten auf drei beschränke, was man beim Verband dann eiligst vollzog.

Vonlanthen wurde gewählt, kam kurz nach Zürich, um sich anstellen zu lassen, und setzte dann seine Reise in Asien fort. Es war also nicht ohne Risiko, einen so bunten Vogel an die Spitze des eher behäbigen Zürcher Kaufmännischen Verbandes zu berufen. Der KVZ sei ein «Tippexverein» gewesen, sagt Vonlanthen im Rückblick, eine eher verstaubte Organisation, welche die Finanzen nicht im Griff gehabt habe. «Mich stellten sie an, weil ich Marketing-Erfahrung hatte und mein politisches Herz auf der Seite der Arbeitnehmer schlug.»

Bereits im ersten Jahr markiert der neue Geschäftsleiter Präsenz und verkündet, dass der KVZ vermehrt berufspolitisch Flagge zeigen müsse, auch Öffentlichkeitsarbeit und Verbandspolitik müssten ein stärkeres Gewicht bekommen, was zwei einschlägige Resolutionen an der KVZ-Hauptversammlung im März unterstreichen.

Mobilisierung der Verkäuferinnen …

«Die Verkäuferinnen sind die Galeerensklavinnen der Konsumgesellschaft.» So pointiert, wie ein linker Aktivist es ausdrückte, mochte der KVZ die Situation des Verkaufspersonals nicht sehen, doch Handlungsbedarf war dringend. Kaum beim KVZ als Geschäftsleiter eingestiegen, startet der tatkräftige Macher Vonlanthen deshalb eine Motivationskampagne für das Verkaufspersonal. Im Archiv des Verbandes befindet sich eine «Ideenskizze über eine Kommunikations- und Aktivierungskampagne beim Verkaufspersonal», datiert vom 29. August 1986.

«Beim SKV und seinen Sektionen besteht seit längerer Zeit das Postulat, den Organisationsgrad beim Verkaufspersonal zu erhöhen», steht auf dem bereits vergilbten Papier, «und zwar durch eine Verbesserung der Dienstleistungen für diese Gruppe, durch eine intensive und motivierende Informationsarbeit und durch aktive, wirksame Mitgliederwerbung.» Auf 31 000 Personen schätzt der KVZ das Potenzial des Verkaufspersonals im Kanton Zürich, wobei der Organisationsgrad schlecht ist; weder der Gewerkschaft Verkauf, Handel, Transport, Lebensmittel (VHTL) noch dem KVZ war es bisher gelungen, Verkäuferinnen und Verkäufer wirklich zu organisieren.

Der KVZ leistet mit dieser Initiative Pionierarbeit, denn das Selbstbewusstsein des Verkaufspersonals, dessen Spektrum von der stilsicheren Modeverkäuferin im «Grieder» an der Bahnhofstrasse bis zur Teilzeitarbeiterin bei «Denner» im Aussenquartier reicht, ist generell nicht gross. «Den Hauptharst bilden aber doch Frauen, die vollauf damit beschäftigt sind, mit Chef und Kollegen gut auszukommen, aus der Freizeit und dem knappen Lohn das Maximum an Lebensgenuss herauszuholen oder mit der Doppelbelastung von Beruf und Familie einigermassen über die Runden zu kommen», heisst es denn auch im Motivationskonzept.

Das Interesse an berufspolitischen Zusammenhängen und Anliegen sei begrenzt, liest man weiter, und es reiche nur bis dorthin, wo man persönlich betroffen sei. Die Initiative zur Mobilisierung des Verkaufspersonals will durch «emotionale, frauengerechte Ansprache» neue Mitglieder gewinnen und ihnen einen Sofortnutzen bieten, beispielsweise Gutscheine für verbilligte Kurse und reduzierte Veranstaltungstickets. Mit einem Netz von Vertrauensleuten in den Betrieben will man das überwiegend aus Frauen bestehende Verkaufspersonal mobilisieren. Die etwas gequält aufmunternde Botschaft lautet: «Wir vom Verkauf – das ist ein aufgestelltes, munteres Völkchen.»

... kein leichtes Unterfangen

Das Budget der Kampagne, das auch Radiospots und Kinowerbung umfasst, beträgt mehrere Hunderttausend Franken. Aus den Chefetagen der Verkaufshäuser kommt teilweise offene Ablehnung. Der Kaufmännische Verband hetze das Verkaufspersonal auf, heisst es in Drohbriefen.

Verkäuferinnen der KVZ-Berufsgruppe Jelmoli besprechen ihre Anliegen.

Bereits ein Jahr nach der Lancierung kann die Verbandszeitschrift erfreuliche Teilerfolge der Aktion melden. Hunderte von Anrufen, Besuchen beim KVZ, zunehmende Anfragen bei Rechtsfällen und Interventionen beweisen die erfolgreiche Sensibilisierung beim Verkaufspersonal.

Dennoch läuft die Kampagne harziger an, als die Enthusiasten des KVZ hofften, nur verhältnismässig wenige neue Mitglieder können an der Verkaufsfront gewonnen werden. Als Erfolg verbucht man die Gründung einiger Betriebsgruppen, zum Beispiel bei Jelmoli oder Coop.

Bei Jelmoli organisiert Verkäuferin Layla Barnetta mit viel Aufwand und Herzblut die Betriebsgruppe, die sogar ein Theaterensemble auf die Beine stellt. Sie amtet mehrere Jahre als Präsidentin, wirft dann aber das Handtuch und übernimmt mit ihrem Partner Arturo Ende der Achtzigerjahre ein Restaurant in Spanien. An die Arbeit in der Betriebsgruppe und die Zusammenarbeit mit dem KVZ denkt sie, wie sie im Verbandsblatt schreibt, mit Dankbarkeit zurück. In manchen andern Unternehmen des Detailhandels werden ähnliche Betriebsgruppen gegründet, doch die Zahl der organisierten Verkäuferinnen bleibt vergleichsweise gering.

Die KVZ-Kampagen erzeugen jedoch eine Langzeitwirkung, die sich nicht primär in steigenden Mitgliederzahlen, sondern in einem wachsenden Problembewusstsein zeigt. Mehr und mehr wagen Verkäuferinnen, meist freilich noch anonym, ihre Probleme in der Verbandszeitschrift darzulegen. «Wenn der Kunde König ist, muss dann die Verkäuferin die Dienstmagd sein?», fragt Brigitte S. im Verbandsblatt *(12/87)*. Sie berichtet von ihren negativen Erlebnissen mit der Kundschaft und zieht das Fazit: «Ich komme mir eher vor wie ein Blitzableiter für den angesammelten Ärger vieler Menschen.»

Revolution der elektronischen Warenbewirtschaftung

Eine Entwicklung, deren Folgen noch nicht absehbar sind, nimmt Mitte der Achtzigerjahre Konturen an: die elektronische Warenbewirtschaftung. Coop beginnt 1986 mit dem Testbetrieb von Scannern an den Kassen; im Coop Center Kaiseraugst (BL) werden die «Nixdorf Kassensysteme 8812» für einen langfristigen Test mit den «Filialrechnern 8862» verbunden. 11 000 Produkte werden mit dem Strichcode versehen, das System liefert tagesaktuelle Daten und Analysen, welche die Identifizierung von «Rennern» und «Pennern» im Sortiment ermöglicht, wie die Verbandszeitung berichtet, und die Warenbewirtschaftung optimiert.

Dieser Entwicklung wird jedoch auch mit Besorgnis entgegengesehen: Die Verkäuferin werde zu einer wenig beachteten «Warenschieberin» an der Kasse. Die fachliche Kompetenz sinke ab, schlecht bezahltes Teilzeitpersonal und Hilfskräfte, die sich kaum mit grundsätzlichen Fragen des Berufsstandes auseinandersetzten, seien im Vormarsch.

Shop-Ville 1990:
Das belebte Einkaufs- und Dienstleistungszentrum am Hauptbahnhof Zürich hat für das Verkaufspersonal auch Schattenseiten.

«Ständiges Stehen, künstliches Licht und Benutzung des öffentlichen WCs»

Die gelernte Apothekerhelferin Doris Frei bildete sich später als kaufmännische Angestellte und Sozialarbeiterin weiter. Sie entschloss sich zu einem Kurzpraktikum als Verkäuferin, was beim Lebensmittelgeschäft M. im Shop-Ville im Bahnhof Zürich klappte. «Die Arbeitsbedingungen, die ich vorfand, erschreckten mich. Schon die Kälte während der Arbeit muss ausgehalten werden, es zieht an allen Ecken und Enden. Hinter dem Gemüsestand war es sehr eng, nur eine Gemüsewaage und vier Verkäuferinnen, das führte zu manchem Engpass. Das künstliche Licht, die Reizüberflutung und das ständige Stehen an Ort (zehn Stunden pro Tag) ermüdete stark. Zeit für Pausen gab es wenig, die geistige Herausforderung war klein.»

Tiefe Löhne und eine enge Garderobe, in die sich Männer und Frauen teilten, sowie kostenpflichtige Benutzung des öffentlichen WCs machten die Bedingungen nicht besser. «Schönstes Arbeitserlebnis bei der Firma M. war die Wärme und Kollegialität von Seiten der Mitarbeitenden und der Vorgesetzten», schreibt Frei in ihrem hier zusammengefassten Bericht in der Verbandszeitschrift und folgert: «Es ist dringend notwendig, die Arbeitnehmerseite zu organisieren. Der Kaufmännische Verband Zürich kann mit seiner Organisation einen wesentlichen Beitrag zur Verbesserung der Arbeitssituation beisteuern.» *(WK 1/1991)*

125 Jahre KVZ

Mit über einem Dutzend Veranstaltungen zelebriert der KVZ sein 125-jähriges Bestehen; Höhepunkt ist der Festakt in der Berufsschule am 15. März 1986 mit dem KVZ-Jubiläumsball am Abend im Verbandshaus Kaufleuten.

Im Jubiläumsjahr wird das Erscheinungsbild des Verbandes aufgefrischt mit dem Logo «Wir Kaufleute – Kaufmännischer Verband Zürich», ein Schriftzug, mit dem man später auch den Auftritt der Verbandszeitschrift attraktiver gestaltet.

125 Jahre KVZ: Mit Festivitäten im «Kaufleuten» und in der KV Zürich Business School wird das Jubiläum gefeiert.

Schöne neue Bürowelt

1987 Der Computer verändert die Arbeit im Büro vollständig. Die Befürchtung ist gross, dass durch die zunehmende Automatisierung von Abläufen sich die Bedingungen am Arbeitsplatz verschlechtern. Peter Vonlanthen greift als Geschäftsleiter des KVZ und Chefredaktor des Verbandsblattes, das jetzt «Der Zürcher Angestellte» heisst, oft in die Tasten seiner elektrischen Schreibmaschine. Er analysiert in einem Bericht die Folgen der technologischen Revolution, die einen gewaltigen Anpassungsdruck erzeugt *(ZA 8/86)*. «Neue Technologie – Wo bleibt der Mensch?» ist die mit ätzenden Karikaturen illustrierte Reportage überschrieben, welche die Ergebnisse einer Umfrage zitiert und kommentiert. 76 Prozent der Befragten finden, der Computer vernichte mehr Arbeitplätze, als er schaffe, und an eine bessere Zukunft durch den technischen Fortschritt glaubten nur 28 Prozent, 1967 waren es noch 56 Prozent gewesen *(«Technische Rundschau», 25. März 1986)*.

Peter Vonlanthen (2009)

Vonlanthen, aktives Mitglied der sozialdemokratischen Ortsgruppe seines Wohnortes Oberengstringen und während acht Jahren Abgeordneter der SP im Zürcher Kantonsrat, ist besonders sensibilisiert für Themen der Arbeiter und Angestellten. Entsprechend pointiert platziert er Beiträge zu Arbeitszeiten, Löhnen, Anliegen des Verkaufspersonals, aber auch Schulfragen und gesellschaftlichen Problemen im KVZ-Verbandsblatt.

«Büroautomation für die Zukunft», lautet der Titel eines Symposiums im «Gottlieb Duttweiler Institut» in Rüschlikon, veranstaltet am 8. Dezember 1986 vom KVZ und der «Schweizer Handelszeitung».

Illustre Referenten behandeln Themen wie «Technologie als Option: Bedingungen für einen menschlich akzeptablen und organisatorisch wirksamen Einsatz», ein Referat von Prof. Dr. Eberhard Ulrich vom Lehrstuhl für Arbeits- und Organisationspsychologie der ETH Zürich, der die Tagung leitet. Andere Referenten beleuchten die Zukunft der Büroautomation, deren volkswirtschaftliche und beschäftigungspolitische Auswirkungen sowie die Erfahrungen nach der Einführung des Computers am Arbeitsplatz. «Computer, die unsichtbare Zukunft – Gedanken zur informatisierten Gesellschaft», lautet der Titel eines Referates, das der Schriftsteller und EDV-Fachmann Emil Zopfi hält. Das Podiumsgespräch am Schluss der Veranstaltung dreht sich um die soziale Bewältigung der Büroautomation.

Angst vor dem Computer

Wie ein Stakkato folgen die Berichte zum Thema Informatik im KVZ-Blatt. «Über die Angst vor dem Computer» ist eine Titelgeschichte überschrieben *(«Der Zürcher Angestellte», 1/87)*. In einem grossen Bericht diagnostiziert Gastautor René Zihlmann, Leiter der Berufsberatung der Stadt Zürich, einen «Zukunftskoller» und fordert eine Lernoffensive, die «éducation permanente», das lebenslange Lernen.

Die rasche Veränderung in der Arbeitswelt ist sichtbar: Alte Fabriken und Industrien verschwinden, Bürohäuser und Dienstleistungszentren entstehen. Wesentlich für die neuere Entwicklung der Wirtschaft ist die zunehmende Tertiarisierung, besonders im Grossraum Zürich, wo der Dienstleistungssektor unablässig wächst; von 57,5 Prozent im Jahr 1960 auf 73 Prozent 1980 mit weiter steigender Tendenz.

Von diesen Arbeitskräften gehört rund die Hälfte zum Organisationsbereich des Kaufmännischen Verbandes, der somit für den privaten Dienstleistungssektor der wichtigste Arbeitnehmerverband im Wirtschaftsraum Zürich ist – und angesichts des Trends zur Dienstleistungsgesellschaft auch einer der zukunftsträchtigsten.

Airtours-Reisebüro Ende der Siebzigerjahre: Der Computer erobert die kaufmännische Arbeitswelt.

Hoher Frauenanteil in den schlechter bezahlten Jobs

Auffallend ist die Geschlechterverteilung im zukunftsträchtigen Informatikbereich, wo die Eingabe von Daten praktisch ausschliesslich von Frauen (Datatypistinnen) geleistet wird, während die besser qualifizierten Jobs wie Programmierer oder EDV-Operateur zu 85 Prozent von Männern besetzt sind.

Der Frauenanteil bei den kaufmännischen Angestellten im Büro liegt bei knapp 60 Prozent. Die weniger qualifizierten und schlechter bezahlten Angelernten und Büroangestellten sind zu 73 Prozent Frauen.

Die Gruppe Verkaufsberufe stellt gemeinsam mit der Berufsgruppe «Büropersonal» die grösste Erwerbsgruppe im tertiären Sektor im Grossraum Zürich dar. Im eigentlichen Verkauf beträgt der Frauenanteil 81 Prozent, während bei den besser qualifizierten Segmenten «Aufsichtskräfte» oder «Einkäufer» die Anteile bei 30 beziehungsweise 23 Prozent liegen.

Fazit: Auch hier zeigt sich die gleiche Tendenz wie beim Büropersonal: Frauen besetzen vorwiegend die schlechter qualifizierten und weniger gut bezahlten Stellen. Teilzeitarbeit, die im Verkauf 29 Prozent und im Bürobereich 21 Prozent beträgt, ist grossmehrheitlich Frauensache. Damit sind die Frauen, die oft Familie mit Berufstätigkeit verbinden, eine billige Manövriermasse im wachsenden tertiären Sektor. Wen wundert's, dass Madlen Binder, zuständig für Frauenfragen im KVZ, im Verbandsblatt zur verstärkten frauenpolitischen Arbeit aufruft: «Taten müssen folgen!»

Kämpferische Werbung um neue Mitglieder

Der neue Geschäftsführer zieht alle Register und lanciert Kampagnen mit klassenkämpferischem Einschlag. «6 Milliarden Bankengewinn, 3000 Leute entlassen, was ist eigentlich los?», steht in Balkenschrift auf einem zündroten Mailing mit Absender Kaufmännischer Verband Zürich. Die KVZ-Gruppe «Wir von der Bank» vertritt die Anliegen der kaufmännischen Angestellten bei den Zürcher Geldhäusern und wirbt für neue Mitglieder. Pointiert macht das beigelegte Informationsheft die Mitgliedschaft beim KVZ schmackhaft.

Selten in seiner Geschichte war der Verband so angriffig und so witzig. Wer sich ins «Haifischbecken des Geschäftslebens» begebe, müsse auch mit Haien rechnen, heisst es da, «gut also, wenn Sie dafür mit einer Mitgliedschaft beim Kaufmännischen Verband gewappnet sind».
Auch auf das breite Angebot an Weiterbildung weist die Broschüre hin.

ZÜRICH

KV: «Die kämpferischen Töne zahlen sich aus»

th. Ein neuer Präsident, ein überdurchschnittlicher Mitgliederzuwachs aus der Sparte Verkauf und teilweise recht provokative Thesen zur Bürotechnologie – dies waren die herausragenden Themen an der gestern abgehaltenen Jahrespressekonferenz des Kaufmännischen Verbandes Zürich (KVZ).

«Ich rede nicht gerne über mich selber», stellte der neue KVZ-Präsident René Meile gleich zu Beginn klar. Meile, der Hauptbuchhalter Finanz- & Rechnungswesen beim Coop LVZ ist, sprach statt dessen lieber über den Verband, den er noch kämpferischer sehen möchte: «Unsere 17 000 Mitglieder wollen einen klaren und unmissverständlichen Einsatz von ihrem Verband.» Der starke Mitgliederzuwachs – 1987 waren es 1490 Neueintritte – zeige klar, dass der Schwenker zum eher kämpferischen Verband sich auszahle.

Der neue Präsident des KVZ: René Meile

Starker Zuwachs beim Verkaufspersonal

Den prozentual stärksten Zuwachs, ganze 116%, verbuchte 1987 die Sparte Verkaufspersonal, was unter anderem auf die massive Werbekampagne im vergangenen Herbst zurückzuführen sein dürfte. Bis Juni 1988 konnten 600 Neueintritte gezählt werden.

Wohl als provokativ, aber keineswegs als technologiefeindlich stellte KVZ-Geschäftsleiter Peter Vonlanthen die «KVZ-Thesen und Kriterien zur Bürotechnologie» vor. Getragen werden diese vom Grundgedanken «Nicht die Menschen sollen sich den Maschinen anpassen müssen, sondern diese sollen den Menschen angepasst werden». Die Vorteile der neuen Bürotechnologie anerkennend, wies Vonlanthen auf verschiedene Probleme hin. So würden beispielsweise 60% der installierten Computer – zur Freude der Computerfirmen – erst in der zweiten Generation richtig funktionieren. Weiter würde mit den zahlreichen Schulungsmöglichkeiten oft bloss unnützes Spezialistentum gefördert, statt dass man mehr Wert auf Allrounder und Teamarbeit legen würde. Und schliesslich müssten immer mehr Angestellte ihre Freizeit für Weiterbildung im Informatikbereich aufwenden. So aber geriete die immer wieder propagierte Freizeitgesellschaft zusehends zur ausserbetrieblichen Weiterbildungsgesellschaft.

Kämpferischer KVZ-Präsident René Meile: Tagblatt der Stadt Zürich, 1. Juli 1988.

Hochkarätige Veranstaltungen

Eine Spezialität des Verbandes sind jetzt die hochkarätigen Veranstaltungen, zum Beispiel in Zusammenarbeit mit dem Gottlieb Duttweiler Institut (GDI) in Rüschlikon. Im November 1987 etwa befasst sich eine illustre Referentenschar an einer Tagung im Hotel Zürich mit dem ambitionierten Thema «Von der Arbeits- zur Kulturgesellschaft». Thomas A. Becker, Leiter der Zentralen Forschungsstelle des GDI, führt durch die Veranstaltung, an der Koryphäen wie Thomas W. Bechtler, VR-Delegierter der Hesta AG, Zug, Michael Brater von der Gesellschaft für Ausbildungsforschung und Berufsbildung, München, der Schriftsteller und ETH-Professor Adolf Muschg oder der Abgeordnete der Grünen im Deutschen Bundestag, Otto Schily, referieren und anschliessend auf dem Podium verbal die Klingen kreuzen.

Ein an Brisanz zunehmendes Thema ist die Flexibilisierung der Arbeitswelt. Auch hier bleibt der KVZ am Ball und organisiert im März 1987 gemeinsam mit dem «Tages-Anzeiger» ein zweitägiges Symposium zum Thema «Flexible Arbeitszeiten». Stichworte sind Teilzeitarbeit, Gleitzeitsysteme, Jobsharing und die kapazitätsorientierte variable Arbeitszeit.

Das wachsende Bedürfnis nach flexibler Arbeitszeit gründet auf verschiedenen gesellschaftlichen und wirtschaftlichen Entwicklungen. Die Freizeit gewinnt an Bedeutung, das Rollenverständnis zwischen Mann und Frau ändert sich, eine verstärkte Entfremdung im modernen Arbeitsleben führt zu neuen Erwerbsformen.

Die Wirtschaft will flexibler verfügbare Arbeitskräfte einsetzen, womit sie aber bei den Gewerkschaften auf Skepsis stösst. Der KVZ stellt mit dieser Tagung Möglichkeiten und Grenzen der individuellen Gestaltung der Arbeitszeit zur Diskussion und stösst auf Arbeitgeber- wie auf Arbeitnehmerseite einen Lernprozess an. Eine Frau und neun Männer halten die Referate im Kaufleutensaal, bei denen es um praktische Erfahrungen in Betrieben wie auch um arbeitspsychologische oder beschäftigungspolitische Aspekte geht.

Mit dieser und ähnlichen Tagungen profiliert sich der KVZ als wichtiger Mitspieler auf dem Weg in eine neue Arbeitswelt. Auch mit der neuen KVZ-Schriftenreihe «Materialien zur Arbeit» wird die Thematik der flexibilisierten Arbeitszeit mit ihren Vor- und Nachteilen kompakt auf den Punkt gebracht. Da ist nichts Verstaubtes, diese Publikationen wirken noch heute aktuell.

Am Puls der Zeit: Publikationen aus der Schriftenreihe des KVZ.

Mobbing – Krebsgeschwür in der Arbeitswelt

1988 «Unter Mobbing am Arbeitsplatz versteht man eine konfliktbelastete Kommunikation unter Kollegen oder zwischen Vorgesetzten und Untergebenen, bei der die angegriffene Person unterlegen ist und von einer oder mehreren Personen systematisch und während längerer Zeit mit dem Ziel und/oder dem Effekt des Ausstossens direkt oder indirekt angegriffen wird.» So definiert die Gesellschaft gegen psychosozialen Stress und Mobbing (GpsM) das Mobbing in Unternehmen.

Das Mobbing verläuft in mehreren Phasen mit schlechter Konfliktbearbeitung am Anfang, dann folgen Mobbing und Psychoterror, Rechts- und Machtübergriffe und schliesslich Isolation und Ausschluss des Opfers aus der Arbeitswelt.

Der Kaufmännische Verband Zürich nimmt die Thematik vor allen andern Verbänden 1988 als Schrittmacher auf die Traktandenliste. Geschäftsleiter Peter Vonlanthen bezeichnet den Kampf gegen Mobbing und Psychostress am Arbeitsplatz als eines der Hauptanliegen des Verbandes, der auch eine Beratungsstelle einrichtet. *(Siehe auch 1995)*

Der KVZ als Partner im sozialen Tauziehen

1989 Der KVZ ist als Arbeitgeberorganisation immer wieder Partner bei der Ausarbeitung von Gesamtarbeitsverträgen. So zum Beispiel 1989 mit der Allgemeinen Baugenossenschaft Zürich (ABZ). Bei den Verhandlungen mit dabei ist auch die Stadtzürcher Sektion des Schweizerischen Verbandes des Personals öffentlicher Dienste (VPOD) sowie die Zürcher Sektion der Gewerkschaft Bau und Holz (GBH). Der zwanzig Seiten umfassende Vertrag regelt bis ins Detail das Zusammenwirken der Sozialpartner, die Rechte und Pflichten von Arbeitgeber und Arbeitnehmer, zum Beispiel den Arbeitsvertrag, den Kündigungsschutz, Salärregelung oder Aus- und Weiterbildung. Zweck des GAV ist es, das gute Einvernehmen zwischen der ABZ und den Arbeitnehmern zu erhalten und zu fördern, zeitgemässe Arbeitsbedingungen zu schaffen und die Zusammenarbeit zwischen den Sozialpartnern zu vertiefen.

Gefragter KVZ-Rechtsdienst

Eine Stunde habe er Zeit für das Gespräch, lässt der Chef der KVZ-Rechtsberatung wissen, dann müsse er pendente Fälle bearbeiten. Das Büro von Daniel Tiboldi wirkt gut organisiert. Tiboldi arbeitete nach dem Jus-Studium in einem breit aufgestellten Anwaltsbüro, wo er seine Stärken in der Beratung entdeckte. Er meldete sich 1987 auf ein Inserat des KVZ, traf sich mit Geschäftsleiter Vonlanthen und bekam die Stelle. Rechtsberatung bot der KVZ schon lange an, doch mit der Flexibilisierung der Arbeitswelt und dem wachsenden Bewusstsein der Arbeitnehmenden für ihre Rechte und Pflichten stieg die Nachfrage nach dieser Dienstleistung.

Nach der kurzen Einführung durch den Vorgänger wurde Tiboldi, wie er es ausdrückt, «ins kalte Wasser geworfen». Mit einer Mitarbeiterin bearbeitete er die Anfragen mehrheitlich telefonisch; komplexere Fälle im persönlichen Gespräch im Verbandshaus.

«Der KV gilt als relativ neutrale Organisation und wird als unterstützend und moderierend wahrgenommen, nicht als dogmatisch und konfrontativ», sagt Tiboldi, «wir arbeiten lösungsorientiert.» Das Team des Rechtsdienstes arbeitet in engem Kontakt mit allen Abteilungen des KVZ und mit dem Geschäftsleiter; die wichtigen Serviceabteilung geniesst den für ihre Aufgabe nötigen grossen Gestaltungsraum. Die Anfragen umspannen einen weiten Bogen; innerbetriebliche Probleme inklusive Mobbing gehören dazu. Ungerecht empfundene Kündigungen und Zeugnisse machen 30 Prozent aus, sagt Tiboldi.

Lohnansprüche und Schwierigkeiten bei länger andauernder Arbeitsunfähigkeit, Arbeitszeit und Überstunden, Gratifikationen und Bonusansprüche, Leistungen der Arbeitslosenversicherung, Stellenabbau infolge Restrukturierung sowie Pensionierung sind weitere Themenfelder.

Zeugnisse mit wenig aussagekräftigen oder missverständlichen Formulierungen gilt es zu überarbeiten, da sie in Bewerbungsdossiers einen schlechten Eindruck machen und die berufliche Zukunft negativ beeinflussen können.

Die 1985 landesweit eingeführte Berufliche Vorsorge (BVG) mit einer grossen Zahl von Pensionskassen, der anfangs unzureichenden Freizügigkeit, den tendenziell sinkenden Umwandlungssätzen ist vielen Arbeitnehmern ein Buch mit sieben Siegeln. Für die häufigsten Fragen hat der Rechtsdienst des KVZ praxisnahe, informative, periodisch aktualisierte Merkblätter erarbeitet.

3000 Ratsuchende im Jahr

Daniel Tiboldi und sein bis heute auf fünf Teilzeit-Mitarbeitende angewachsenes Team streben realitätsnahe Lösungen an. Die Maxime lautet: Hilfe zur Selbsthilfe. Der Rechtsdienst ist für Mitglieder kostenlos, viele der jährlich 3000 Ratsuchenden werden telefonisch beraten (ab Mitte der Neunzigerjahre auch per Mail). Anspruchsvoll sind beispielsweise Fälle im Zusammenhang mit gesundheitlichen Problemen von Angestellten oder bei lange schwelenden Konflikten. Diese erfordern aufwendige juristische Abklärungen und intensive Verhandlungen zur Entwicklung von individuellen Lösungen. Gefragt sind dabei Kreativität und Ausdauer, wie Tiboldi sagt, dazu Zuversicht und eine konstruktive Grundhaltung.

Daniel Tiboldi, motivierter, frisch engagierter Chef des KVZ-Rechtsdienstes.

Dicke Ordner im Archiv des KVZ enthalten sämtliche Hinweisblätter und Anmeldeformulare für Kurse und andere Veranstaltungen, die vom Rechtsdienst entwickelt werden. Das Spektrum reicht von halb- bis mehrtägigen Seminaren über «Erfolgreich führen», «Selbständigkeit/Firmengründung», «Erbrecht» oder «Arbeitszeugnisse» bis zu «Weniger Stress – mehr Lebensqualität». Die Kurse werden vom KVZ organisiert und oft von externen Fachleuten bestritten, sie sind

Aus dem beruflichen Alltag von KVZ-Mitgliedern
(KVZ Dossier Verkaufspersonal, August 1993)

«Es ist allen Mitarbeitern strengstens untersagt, mit Kollegen über die Lohnhöhe zu diskutieren; Zuwiderhandlungen können mit fristloser Entlassung geahndet werden.»
(Aus der Hausordnung des Modehauses Robert Ober AG, das vor allem Frauen beschäftigt)

«Es ist nicht gestattet, sich im Laden in Anwesenheit von Kundinnen zu duzen.»
(Aus der Hausordnung des Modehauses Gassmann)

für KVZ-Mitglieder markant günstiger und dienen auch der Bindung der Mitglieder an den Verband.

Der KVZ-Rechtsdienst steht als unkomplizierte, niederschwellige Organisation ausschliesslich Mitgliedern offen. Wie Tiboldi einräumt, hat er auch einige Dauergäste: Menschen, deren Verhalten am Arbeitsplatz immer wieder zu Schwierigkeiten führt. Seitens der Beratung ist hier Einfühlungsvermögen wie auch Abgrenzung, aber unabdingbar viel Interesse am Menschen nötig.

Tiboldi, mit dem ich im Frühjahr 2010 spreche, ahnte schon bei seinem Einstand im Jahr 1988, dass er beim KVZ wohl länger bleiben könnte. «Mir gefällt diese Arbeit, hier gibt es Erfolgserlebnisse und Entwicklungsmöglichkeiten, wie ich sie mir an keinem andern Ort vorstellen kann. Die meist positiven Rückmeldungen auf unsere Einsätze kommen rasch. In Anwaltsbüros kämpft man oft jahrelang mit unsicherem Ausgang, manchmal bis vor Bundesgericht.»

Zum Beispiel «Betriebsgruppe «Swissair» …

Engagement für bessere Arbeitsbedingungen

Schon früh bilden sich im Kaufmännischen Verband Betriebsgruppen des kaufmännischen Personals grosser Firmen *(siehe auch 1995)*.

Nicht weniger als 1200 Mitglieder umfasst die «Betriebsgruppe Swissair» des kaufmännischen Verbandes Schweiz in den Achtzigerjahren, welche die kaufmännischen Mitarbeitenden der damals glanzvollen Airline repräsentiert. 1987 veranstaltete der KVZ eine Umfrage, die den Swissair-Mitarbeitenden den Puls fühlt *(ZA 11/87, S. 10)*.

Zwei Drittel der Befragten wünschen den vollen Teuerungsausgleich, über 70 Prozent ziehen jedoch mehr Freizeit einer Lohnerhöhung vor. Eine weitere Frage lautet, ob das Tariflohnsystem bei der Airline durch Leistungselemente verändert werden solle. 56 Prozent der Befragten wünschen mehr Leistungsanreize – ein Auftrag an den Kaufmännischen Verband, Druck beim Management der nationalen Fluggesellschaft zu machen.
Mit Erfolg, denn Ende 1989 kann das Verbandsblatt den Abschluss eines Gesamtarbeitsvertrages melden, wo die Wünsche und Einwände der Mitarbeitenden zum guten Teil berücksichtigt sind und den die SKV-Gruppe der Swissair als «Weichenstellung für die 90er Jahre» preist *(ZA 12/89)*.

Das in zäher Kleinarbeit und zahlreichen Gesprächen erreichte Ergebnis ist so überzeugend, dass die Mitglieder das Resultat einstimmig akzeptieren. Eine vor Kraft strotzende Swissair unter Chef Otto Löpfe mit 19 000 Mitarbeitenden und einer jungen Flugzeugflotte kann gegenüber den kaufmännischen Mitarbeitenden Kulanz zeigen. Voller Teuerungsausgleich, Treueprämien und auch Bonussysteme werden im GAV verankert. In einem weiteren Schritt gewährt die Allgemeine Pensionskasse der Swissair (APK) den Versicherten die volle Freizügigkeit.

«GAV-Verhandlungen sind immer auch Ausdruck der Beteiligung der Basis», schreibt der Kommentator im Verbandsblatt, «interessierte Mitglieder können die Vertragspolitik mit beeinflussen. (...) Voraussetzung einer solchen Einflussnahme ist, dass sich die Beschäftigten organisieren, das heisst der SKV-Gruppe Swissair beitreten.»

Umfrage unter den Aussendienstmitarbeitenden im KVZ

1990 Der Kaufmännische Verband Zürich ist ein lebendiger Spiegel der kaufmännischen Szene, wovon eine grosse Zahl Betriebs- und Berufsgruppen zeugen. In der Gruppe Aussendienst organisieren sich seit 1980 KVZ-Mitglieder, deren Arbeit sich mehrheitlich ausserhalb des Büros abspielt. Die von Präsident Franz Keller geleitete Gruppe Aussendienst engagiert sich in der Weiterbildung und veranstaltet zum Beispiel Verkaufsseminare im Verbandshaus, in der Regel dreiteilige Abendkurse, die wegen grosser Nachfrage meist mehrfach geführt werden.

Der KVZ führt in Zusammenarbeit mit dem Vorstand der Gruppe Aussendienst eine Umfrage unter seinen Mitgliedern durch und präsentiert die Auswertung in der Januar- und Februarnummer 1990 des Verbandsblattes. Von rund 900 Aussendienstmitarbeitenden retournierten 91 den ausgefüllten Fragebogen.

Sitzung des KVZ-Vorstandes im Jahr 1990.

Rund 40 Prozent von ihnen gehören dem Kader an, der Anteil der 41- bis 50-Jährigen beträgt knapp die Hälfte. Wer im Aussendienst tätig ist, arbeitet überdurchschnittlich lange, ein knappes Fünftel der Antwortenden steht über zehn Stunden täglich im Einsatz, vor allem die Älteren arbeiten länger. Doch die lange Arbeitszeit wird laut der Umfrage kaum beklagt.

40 Prozent der Antwortenden geben an, dass die von der Geschäftsleitung festgelegten Umsatzzahlen zu einem grossen Leistungsdruck führen. Die Angst vor Verlust des Arbeitsplatzes macht namentlich ältere Aussendienstmitarbeiter oft zu Workaholics. Wichtig ist die Unterstützung des Innendienstes, wo diese fehlt, steigt die Arbeitszeit.

Die Umfrage zeigt zudem einen klaren Zusammenhang zwischen technischer Ausrüstung (EDV und das noch sehr teure Natel) und Arbeitszeit: Wer über die modernen Geräte verfügt – und das ist über die Hälfte der Antwortenden –, arbeitet im Schnitt eine halbe Stunde weniger pro Tag. Junge und ältere Aussendienstler bedienen sich gleichermassen enthusiastisch dieser neuen Technik und ahnen noch nicht, dass sie ein Dutzend Jahre später sogar rund um die Uhr erreichbar sein müssen – auch am Abend, an Wochenenden und sogar in den Ferien.

Mit der Spesenregelung ist jeder Fünfte unzufrieden und 70 Prozent monieren, dass die Benutzung eines Zimmers als Büro in der Privatwohnung vom Arbeitgeber nicht abgegolten werde. Viele bekommen während des Militärdienstes, in den Ferien oder im Krankheitsfall ihren Provisionsanteil nicht ausbezahlt, was der KVZ als Skandal geisselt. Dennoch beurteilt die Hälfte der Befragten den eigenen sozialen Status als hoch; dies, obwohl das Sozialprestige der Aussendienstmitarbeit nicht sehr hoch ist.

Als Problembereiche figurieren denn auch «Umsatzdruck» und «Unzufriedenheit mit der Provisionsregelung» weit oben. Namentlich die älteren Aussendienstarbeiter streben ein höheres Fixum an, was mehr Sicherheit biete. Das Alter wird teilweise schon bei den unter 40-Jährigen als Risikofaktor gesehen, ein 54-Jähriger bringt es knapp auf den Punkt: «That's the problem.»

Mitgliederstruktur im KVZ 1990

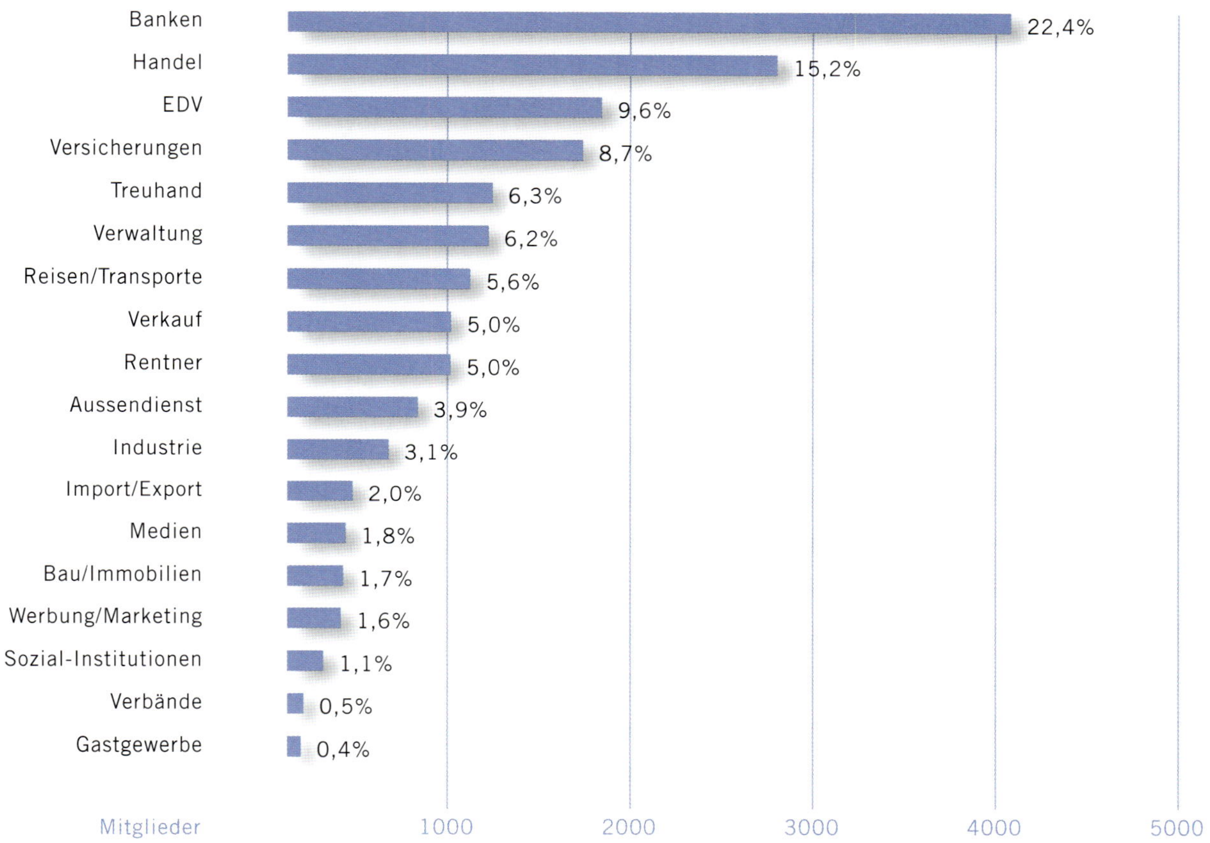

Ein Dauerbrenner: Verkäuferinnen im Clinch

1991 «Einerseits werden vermehrt technische Fähigkeiten verlangt (z. B. Kassensysteme, Abrechnungsarten, Computer-Gebrauch usw.). Andrerseits steigen die Erwartungen an die psychologischen Kenntnisse des Verkaufspersonals. Auch werden hohe Anforderungen an das Fachwissen gestellt.» So fasst «Wir Kaufleute» die wachsenden Anforderungen im Verkaufsberuf zusammen *(3/91)*. Obwohl dem Verkaufspersonal immer mehr Aufgaben aufgebürdet werden, stagnieren die Löhne auf tiefem Niveau.

Verkäuferinnen und Verkäufer sind trotz grosser Anstrengungen des Verbandes lediglich in kleiner Zahl beim KVZ als Mitglieder eingeschrieben. Seit der ersten Kampagne des KVZ im Jahr 1986 hat sich die Arbeitswelt des Verkaufspersonals jedoch weiter rasant verändert – eine stetige Herausforderung für den KVZ und andere Arbeitgeberverbände. Anfang der Neunzigerjahre wird die Aufwertung des Verkaufsberufes intensiv diskutiert und die Verlängerung der Lehre von zwei auf drei Jahre postuliert. Zudem wird angeregt, den Beruf in Verkaufsberater/-in umzubenennen.

Der KVZ bringt Verkaufpersonal verschiedener Firmen zusammen, so veranstaltet er zum Beispiel im Juni 1992 ein Treffen mit Verkaufsmitarbeitenden von «Globus» und «Jelmoli», um über die Löhne zu diskutieren.

Das Verbandsblatt widmet sich der Debatte und veröffentlicht Leserbriefe. «Warum fasziniert mich mein Beruf?», schreibt eine Verkäuferin, die bezeichnenderweise anonym bleiben will, und gibt gleich eine Antwort: «Nach meinem Dafürhalten ist das Verkaufen von Waren eine Kunst» *(WK 5/91)*. Ein flammender Aufruf folgt, sich den Berufsverbänden und Gewerkschaften anzuschliessen, welche die Interessen des Verkaufspersonals vertreten: «Wer ernten will, muss zuerst säen!» Auch ein Stammtisch für das Verkaufspersonal wird eingerichtet, der jeweils am ersten Mittwoch im Monat nach Feierabend im Restaurant Kaufleuten stattfindet. Doch der Feierabend zur gewohnten Zeit ist in Gefahr, wie die Debatte der kommenden Jahre verdeutlicht.

Regelmässig treffen sich Verkäuferinnen zum Gedankenaustausch im «Kaufleuten».

EDV: Hilfe und Feindbild

«Hochkarätige Technik und entwertete Löhne?», lautet eine der Fragen, die dipl. Ing. techn. Gerhard Ulmer von der Universität Graz am 3. Oktober 1991 im Verbandshaus Kaufleuten abhandelt. Dies im Rahmen der Veranstaltungsreihe «Auf der Suche nach dem gerechten Lohn».

In den Neunzigerjahren häufen sich die Berichte über Chancen und Gefahren der Datenverarbeitung. Wirtschaftshistoriker Wolfgang Hafner stellt im Verbandsblatt *(2/91)* neue Entwicklungen vor, zum Beispiel Expertensysteme, die den Menschen Entscheidungen abnehmen. Angst und Misstrauen gegenüber einer als immer mächtiger empfundenen Technologie beunruhigen das Personal und verstärken die Furcht, dass die «Durchcomputerisierung» der Arbeit das kreative menschliche Potenzial behindert. Was George Orwell in seinem Roman «1984» visionär voraussah («Big brother is watching you»), die immer umfassendere Kontrolle des denkenden und handelnden Menschen, kommt näher – ermöglicht durch die elektronischen Spuren, welche die Menschen in der digitalen Welt hinterlassen.

Die ständige Erreichbarkeit durch das Natel weckt Euphorie und Ängste. 1990 zählt man bei der PTT schweizweit 90 000 Natel-C, im Mai 1991 sind es bereits 141 500. Noch muss sich die Gesellschaft an die permanente Erreichbarkeit gewöhnen, die tief ins Berufs- und Privatleben der Mitarbeitenden auch in den kaufmännischen Berufen eingreift, eine Umwälzung, die das Verbandsblatt pessimistisch mit «dem Verlust der Zeit» umschreibt.

Ähnlich rasant wie die Natels vermehren sich Anfang der Neunzigerjahre die Faxgeräte, eine Technologie, die jedoch schon bald durch E-Mails wieder in den Hintergrund gerückt wird. Als Novum gilt auch der «Piepser», ein kleines Gerät, das den Menschen unterwegs ans Telefon ruft. «Wir Kaufleute» registriert mit einer gewissen Besorgnis, dass Mobiltelefon, Piepser und Telefax nicht mehr nur zum Arsenal des leitenden Angestellten, des Managers eines Unternehmens gehörten, sondern immer mehr in breiten Kreisen wie selbstverständlich Einzug hielten. Manche kaufmännische Angestellte fühlen sich gefangen im elektronischen Spinnennetz.

Scannen statt Sklavenarbeit

«Sklavenarbeit», murmelt die Sekretärin angesichts des Textentwurfes, den sie für die Sitzung am Nachmittag fehlerfrei und unterschriftsreif abschreiben muss. Statt den Brouillon abzutippen, könnte sie ihn einscannen und den Entwurf am Bildschirm perfektionieren, heisst es im Bericht «Texte abtippen ist altmodisch und teuer». Der Autor empfiehlt einen Scanner für 1990 Franken von Hewlett Packard. *(WK 10/93)*

KAUFLEUTEN
KAUFMÄNNISCHER
VERBAND ZÜRICH
BAR

Das «Kaufleuten» – Zürichs neuer Szenetreffpunkt

1992 Das Restaurant Kaufleuten wirkt Anfang der Neunzigerjahre so, wie man sich ein Verbandsrestaurant vorstellt: blitzblank gebohnert und dennoch verstaubt. Das Verbandsmanagement wird aktiv, um eine bessere Lösung zu finden. «Ich habe per Zufall ein unscheinbares Inserat in der Wirtezeitung gelesen und einen unscheinbaren Brief geschrieben», erinnert sich der Gastronom Fredi Müller, der auch in der Modebranche zu Hause ist. Vonlanthen lädt ihn zum Gespräch ein, und beide verstehen sich sofort. Der KVZ-Geschäftsleiter gibt Müller und seinem Geschäftspartner Bruno Emele sozusagen Carte Blanche für den Betrieb von Restaurant und Bar und die teilweise Nutzung der Säle.

Vonlanthens Riecher für aktuelle Entwicklungen führt zum verblüffenden Resultat. Nach einem halben Jahr intensiver Vorbereitungen verwandelt sich das Parterre des altehrwürdigen Verbandsgebäudes in einen attraktiven, schillernden Treffpunkt.

Der KVZ lässt sich nicht lumpen und investiert gut zwei Millionen Franken in die Renovation, die auch den grossen, 700 Personen fassenden Kaufleutensaal mit einschliesst. Architektin Pia Schmid, die vorher unter anderem schon die Rotonde im Restaurant Terrasse am Bellevue verschönert hat, verwandelt den etwas heruntergekommenen Raum in einen originellen, neubarocken Saal, der einem New Yorker Grand Hotel alle Ehre machen würde und den die Zürcherinnen und Zürcher sofort in ihr Herz schliessen. Auch den Umbau des Kaufleuten-Restaurants nimmt sie an die Hand und erweckt die verstaubten Spuren einstiger Grandezza zu neuer Pracht. Das umgebaute und entrümpelte Restaurant wirkt jetzt bei aller Gemütlichkeit auch elegant, hier speisen nicht die Jungen, die sich in der Bar vergnügen, sondern eher etwas ältere, mitten im Berufsleben stehende Gäste. Warmes Holz, dezente Vorhänge und der alte, sorgfältig restaurierte Boden verbreiten eine einladende, warme Atmosphäre.

Das «Kaufleuten», ein pulsierender In-Place und eine hervorragende Geldquelle für den Verband.

Drei Bars und ein Foyer bilden den Vorhof des Saales, dessen Abendmiete von 2000 Franken weder Firmen noch Gewerkschaften oder Veranstalter von Technopartys vom Mieten der Lokalität abhält. Der KVZ nutzt die Säle aber auch weiterhin für eigene Anlässe.

Die samstägliche «Disconight» schlägt sofort ein. Sie ist ein Novum mitten in der Innenstadt, denn bis anhin gibt es diese Grossdiscos fast nur in Gewerbezonen draussen in der Agglomeration. «Kaufleuten at night!», lautet jetzt die Devise.

Die Bar ist von Pia Schmid so gestaltet worden, dass sich Arbeiter und Banker, Sportfans und Schöngeister zwanglos mischen. Rote Wände kombiniert mit zusammengewürfeltem altem Mobiliar lassen den Büroalltag sofort vergessen. Auf der Theke der nach Arbeitsschluss meist gerammelt vollen Bar verbreiten wilde Blumenbouqets einen Hauch von Frivolität. Fazit des Verbandsblattes: «Zürichs neuester positiver Stress heisst Kaufleuten»; «17h Apéro in der Bar, 19h Dinner im Restaurant. 21h Konzert mit Etta James.»

Drogenproblem im Fokus

«Sex, drugs und KVZ», lautet die Überschrift über einer Titelgeschichte im «Wir Kaufleute». Drogen sind ein Thema in der jungen kaufmännischen Szene, stürzt sich doch ein Drittel der Lernenden in Technopartys mit dröhnender Musik, Alkohol und Drogen. Folienrauchen wird im Bericht als neuer Trend beschrieben, doch die Lehrer an der KVZ-Berufsschule schauen lieber weg und engagieren sich kaum in der Prävention, kritisiert das Verbandsblatt *(WK 5/93)*.

Auf dem Zürcher Platzspitz, dem Park hinter dem Landesmuseum, nimmt die Drogenszene Ende der Achtzigerjahre überhand, eine offene Wunde im Zentrum der Stadt und nur die Spitze des Eisberges, denn Drogen werden auch in der Arbeitswelt zum Problem. Im März 1989 veranstaltet der KVZ zusammen mit dem Institut für Angewandte Psychologie (IAP) und der Zürcher Gesellschaft für Personalfragen (ZGP) eine Arbeitstagung zum bisher tabuisierten Thema «Drogen im Betrieb». Die Tagung in der Universität Zürich mit illustren Referenten einschlägiger Fachgebiete richtet sich an Personalchefs, Ausbildner und Vorgesetzte mit Personalverantwortung und erzeugt ein grosses Echo.

Im Februar 1992 wird der in der internationalen Presse «Needle-Park» genannte Umschlagplatz geschlossen mit der Einsicht, dass Repression allein das Drogenproblem nicht löst.

Militanter VPM wird in die Schranken gewiesen

Das Buch «Testfall KV» beleuchtet die dramatischen Ereignisse in der KVZ Business School aus der Sicht des VPM.

Unter der Leitung von Peter Vonlanthen ist der KVZ einer der Pioniere im Bestreben, das Drogenproblem an der Berufsschule gemeinsam mit der öffentlichen Hand in den Griff zu bekommen. Die kantonalen und städtischen Stellen sowie der KVZ erarbeiten in vorbildlicher Kooperation ein Drogenpräventionskonzept für die Berufsbildung und setzen es um.

Im Zusammenhang mit der Zürcher Drogenmisere steht auch die Auseinandersetzung des KVZ mit dem umstrittenen VPM (Verein zur Förderung der psychologischen Menschenkenntnis). Der psychologisch-pädagogisch ausgerichtete Verein geht auf den Österreicher Friedrich Liebling zurück, der in den Fünfzigerjahren nach Zürich zog, wo er mit seinem Pflegesohn die Psychologische Lehr- und Beratungsstelle Zürich gründete. Als Liebling 1982 stirbt, hinterlässt er Hunderte von glühenden Anhängern, darunter auch mehrere Lehrer in der KV Zürich Business School.

Eines der Ziele der «Lieblinge», wie man sie auch nennt, ist der Kampf gegen die Drogen. In einem «Arbeitskreis Drogenfreie Schule VPM» setzen sie sich nach eigenen Angaben «für eine sachliche Aufklärung über die schädigende Wirkung von Drogen» ein. Die Leiter der Business School und der Geschäftsführer des KVZ sehen im VPM jedoch eine Psychosekte, welche die Atmosphäre an der Schule vergifte. Da der VPM auch an anderen Schulen aktiv ist, stellt sich der kantonale Erziehungsdirektor Alfred Gilgen gegen die Vereinigung. Die Presse nimmt die Thematik auf, die Polemik eskaliert.

Der VPM schlägt mit dem Buch «Testfall KV» zurück, in dem er die Vorgänge aus seiner Sicht darstellt. Zitat aus dem Buch: «Der ‹Fall KV› ist nicht nur als Einzelfall interessant. An ihm werden allgemeine gesellschaftliche Tendenzen deutlich: Wertverfall, permissive Drogenpolitik mit dem Ziel der völligen Freigabe von Drogen, Abbau der demokratischen Grundrechte, Zersetzung der Rechtsordnung, Aufweichung pädagogischer

Grundhaltungen.» Dass es in der Schule des KVZ mit 6000 Schülern ein Drogenproblem gibt, bestreitet niemand ernstlich. Der VPM würde es jedoch nach Einschätzung der Schulleitung «völlig unsinnig und absolut übertrieben» darstellen (Rektor Paul Müller, zitiert im «Tages-Anzeiger» vom 18. September 1990). Haschisch werde mehr oder weniger offen, gemäss Schätzung von 20 Prozent der Lernenden wenigstens einmal pro Woche geraucht, viel seltener werden auch härtere Drogen konsumiert.

Rektor Müller stellt an der Lehrerversammlung im Mai 1990 ein Präventionskonzept vor mit den Kernpunkten «Gespräch, Hilfe und Kontrolle» – mit dem Ziel, das Drogenproblem an der Schule in den Griff zu bekommen. Der VPM plädiert für eine viel härtere Linie und befürchtet eine steigende Akzeptanz der Drogen. Gemäss der tendenziösen Schilderungen im Buch des VPM ist der Auslöser des Konfliktes ein Brief, den die VPM-Anhänger ans Rektorat und an alle Mitglieder der Aufsichtskommission schickten. Darin malen sie ein düsteres Bild vom Alltag in der Berufsschule des Kaufmännischen Verbandes Zürich. Zum Erscheinungsbild einer «so genannt normalen Klasse gehören Jugendliche, die apathisch im Unterricht sitzen», heisst es da, «keine klaren Gedanken fassen können und sich für nichts mehr interessieren». «In unserer Schule nehmen laut Aussagen von Schülern mehr als die Hälfte regelmässig Drogen, ganz abgesehen von denen, die ‹schon mal probiert haben›.»

154. Jg. Nr. 211 26 S. Aufl.: 197886 Mittwoch

Tagblatt der Stadt

Sonderseite: Gesund und fit

Werdstrasse 21, Postfach, 8021 Zürich Redaktion: 248 41 90 Verlag: 248 42 11 Vertrieb:

STÄDTISCHES AMTSBLATT

Spannungen wegen «Lieblingen» am KV

Im Lehrerkollegium der Handelsschule des KV Zürich herrscht dicke Luft. Die Spannungen unter der Lehrerschaft gehen so weit, dass sich einzelne Lehrer schon bald vor dem Friedensrichter treffen werden. Der Grund liegt in der «Anti-Drogen-Kampagne der ‹Lieblinge›, die dort ihr Unwesen treiben», so der Geschäftsleiter des Kaufmännischen Verbandes, Peter Vonlanthen.

STEFAN HOHLER

In einem Brief an die Aufsichtskommission zeichnet der Arbeitskreis Drogenfreie Schule (VPM), ein Zusammenschluss von «Liebling»-Lehrern am KV, ein düsteres Bild von der Situation an der Schule. Über die Hälfte der Schüler nähmen regelmässig Drogen, wird behauptet. Die liberale Haltung von Pestalozzianum, Pro Juventute und der Jugendberatung würde die Drogenproblematik nur verschärfen, hiess es weiter.

Streitpunkt Drogenprävention

Unglücklich sind die «Lieblinge» auch über die Ende Juni durchgeführte Lehrerveranstaltung zum Thema Drogenprävention. Einer der Referenten, Prof. Grob, Immunologe und Leiter der kantonalen Aids-Präventionsstelle sei nicht die geeignete Persönlichkeit gewesen, um über das Thema zu referieren. Sein Engagement für die Überlebenshilfe der Drogensüchtigen wird nämlich abgelehnt. Vorgeschlagen wurde ein Arzt, der Mitglied des VPM (Verein zur Förderung der psychologischen Menschenkenntnisse, ein Zusammenschluss von «Lieblingen») ist. Und zum Schluss: «ausser dem VPM gibt es in der Schweiz keine Stelle, die sich dem konsequenten Konzept der Uno im Kampf gegen Drogen anschliesst.»

Dieser Brief hat sowohl unter der Lehrerschaft wie auch in der Aufsichtskommission grosses Kopfschütteln verursacht. Die Situation sei lange nicht so dramatisch, wie geschildert. Zudem gäbe es keine Beweise für die Behauptung, dass über die Hälfte der KV-Schüler regelmässig Drogen konsumieren. Solche Aussagen seien falsch und würden dem Ruf der Schule schaden. Auch die überhebliche Art, der Schulleitung vorzuschreiben, welcher Referent geeignet sei und welcher nicht, wurde kritisiert.

Schlechte Stimmung

Dass innerhalb der Lehrerschaft eine gereizte Stimmung herrscht, kann auch Peter Vonlanthen bestätigen: «Die Hartnäckigkeit wie die ‹Lieblinge› ihre persönliche Meinung durchdrücken wollen und ihr intolerantes Verhalten ist massgeblich daran schuld», meint er.

Ein Lehrer beklagt sich gegenüber dem «Tagblatt», dass im Lehrerzimmer das Vertrauensverhältnis gestört ist. Vor allem seit eine Ehrverletzungsklage von einer VPM-Lehrerin gegenüber einer Kollegin eingereicht worden ist.

Wie stellen sich nun die «Lieblinge» zu diesen Vorwürfen? Die Kontaktperson des Arbeitskreises Drogenfreie Schule (VPM) erklärt auf Anfrage, dass nur nach Absprache mit der Schulleitung darüber Auskunft gegeben werde, wenn überhaupt. Nach Angaben des Rektors wird das Problem an der nächsten Aufsichtskommissionssitzung im Oktober behandelt und nach Lösungswegen gesucht.

Gereizte Stimmung im Schulhaus: Nach dem Zwist an der KME und an der Uni gibt's jetzt Probleme im KV.

BILD: KARIN HOFER

In der Zürcher Presse nimmt der Konflikt um die «Lieblinge» breiten Raum ein.

Konflikt um die Entlassung von Lehrern

Der Rektor reagiert wütend auf das Schreiben, zumal die VPM-Anhänger den von der Schule zur Information der Lehrer ausersehenen Prof. Peter J. Grob als unqualifiziert für diese Aufgabe, da zu liberal, brandmarken. Man muss diese Auseinandersetzung im Kontext der teilweise hilflosen öffentlichen Debatten zur Lösung des Problems der offenen Drogenszene am Platzspitz und beim Bahnhof Letten sehen, wo die Einsicht wächst, dass eine kontrollierte Drogenabgabe an schwer Süchtige unausweichlich ist. Der VPM dagegen strebt eine drogenfreie Gesellschaft und eine drogenfreie KV-Schule an – eine unrealisierbare Utopie.

Die Situation an der Berufsschule eskaliert. Der Rektor der KV Zürich Business School, Paul Müller, arbeitet mit KVZ-Geschäftsleiter Peter Vonlanthen und dem Züricher Bildungsdirektor Alfred Gilgen zusammen und kündigt im Herbst 1990 schliesslich mithilfe eines Anwalts und der Unterstützung des Instituts für Angewandte Psychologie IAP sechs dem VPM zugehörigen Lehrkräften, zwei weitere Involvierte können bleiben, sind aber im Lehrkörper isoliert.

Lehrerinnen und Lehrer können nur aus sehr schwerwiegenden Gründen entlassen werden, weshalb diese Kündigung hohe Wellen wirft. Im Buch «Testfall KV» sprechen die Autoren von Verleumdungen und einer Hetzkampagne gegen den VPM, initiiert namentlich auch durch KVZ-Geschäftsleiter Peter Vonlanthen, der die Presse gegen den VPM instrumentalisiert habe. Vonlanthen, der im Buch über zwanzigmal vorkommt, sagt im Rückblick: «Diese Entlassungen waren für mich sehr wichtig, ein Testfall für den Kaufmännischen Verband, denn der VPM hat extreme Unruhe in die Schule gebracht.»

«Wir Kaufleute» mit neuem Auftritt

1993 Die im Vorjahr eingeleitete Auffrischung des Verbandsblattes erhält in der Januarnummer 1993 mit neuem, grosszügigem Layout einen neuen Schub. Eine umfangreiche, gut recherchierte Titelgeschichte aus den Bereichen Gesellschaft und Wirtschaft bildet jeweils den Auftakt einer Nummer, wichtige News aus dem Verband und seinen Sektionen werden ergänzt durch die Jugendseiten – ein Bereich, in dem sich der KVZ durch seine engagierte Arbeit Lorbeeren holt. Vermehrt schreiben auch prominente Gastautoren zu ausgewählten Themen, in der ersten Nummer nach dem Relaunch zum Beispiel der Werber Walter Bosch über «den Alltag der Manager».

Verkaufspersonal im Abseits

Diese von Walter Bosch aufs Korn genommenen Manager entscheiden immer wieder über die Köpfe der Mitarbeitenden hinweg, zum Beispiel beim Warenhaus Robert Ober AG, wo 1993 eine Etage geschlossen wird, ohne das Personal genügend zu informieren, geschweige denn dessen Mitsprache in Betracht zu ziehen.

Als besonders verletzend empfinden die Betroffenen, dass bei neu zu besetzenden Stellen entlassene Frauen nicht berücksichtigt werden, weil sie dem «Anforderungsprofil» – im Klartext «Aussehen, Alter, Körpermass» – offenbar nicht genügten. Anton Moos, beim KVZ zuständig für die Betriebsgruppen, beschwört die Verkäuferinnen in einem Schreiben an die Angestellten der Robert Ober AG, sich der KVZ-Gruppe «Wir vom Verkauf» anzuschliessen, «damit Sie bei künftigen Entscheidungen der Geschäftsleitung nicht weiter im Abseits stehen, müssen Sie sich organisieren. Nur so können Sie den Inhaber dazu bewegen, Sie als Partner /in und nicht als Untergebene/n zu behandeln.»

Der Beruf der Verkäuferin ist anspruchsvoll und oft nur knapp bezahlt.

Dass die Problematik an Aktualität gewinnt, zeigt eine Veranstaltung der KVZ-Gruppe «Wir vom Verkauf» im Kaufleutensaal mit dem Thema «Mythos Schönheit in der Arbeitswelt – Entwicklung im Detailhandel». Die Verkäuferinnen müssten jung, schön und dynamisch sein, heisst es in der Einladung, bequeme Birkenstock-Schuhe würden von den Arbeitgebern verboten. Reinhild Traitler, die Leiterin des Zürcher «Boldernhauses», referiert darüber, wie sich die Verkäuferinnen in dieser Scheinwelt des Schönen täglich anpassen müssen. In der Diskussion können die zahlreichen Anwesenden, auch einmal ohne erzwungenen Charme, Dampf ablassen – und tun es ausgiebig. Der Eintritt ist frei, den Apéro spendiert der KVZ.

Das Angebot an Kursen für Verkaufspersonal ist im KVZ vielseitig, wird jedoch vom Zielpublikum zu wenig genutzt. In einem Lehrgang «Aktives Verkaufen» gewinnen Verkäuferinnen und Verkäufer mehr Vertrauen in die eigenen Fähigkeiten und lernen die Kundenbedürfnisse besser kennen. An den beiden Kurstagen wird auch in Rollenspielen mit Videokameras gearbeitet. «Rechte und Pflichten im Verkauf als Arbeitnehmer/in» ist ein weiterer Kurs betitelt. Periodisch veranstaltete Führungskurse richten sich an Leitende von Filialen. Der KVZ tut, was er kann, um die riesige Gruppe potenzieller Mitglieder zu aktivieren – mit durchzogener Erfolgsbilanz.

Hilfe für Arbeitslose

Mit der Wirtschaftskrise der Neunzigerjahre wächst auch die Zahl der Arbeitslosen in kaufmännischen Berufen und im Verkauf. Der KVZ richtet ab April 1993 im Verbandshaus jeden Donnerstagnachmittag einen begleiteten Treffpunkt für Arbeitslose ein, wo sich Betroffene aussprechen und bei Mitarbeitenden des KVZ Rat holen können. Parallel dazu wird eine Informations- und Beratungsstelle zu Fragen des Arbeitsrechtes, der Arbeitslosenversicherung, der Kurs- und Weiterbildungsangebote für Beschäftigungslose eingerichtet.

Bereits registriert man im Land über 150 000 Arbeitslose, für die Schweiz eine neue und schockierende Erfahrung. An der nationalen Kundgebung vom 20. Februar 1993 in Bern beteiligen sich kaufmännische Angestellte aus dem ganzen Land und kämpfen «für die Würde und die Rechte der Arbeitslosen sowie für anständige Arbeitsbedingungen und Löhne für alle». Aus Zürich fährt ein Extrabus mit KVZ-Mitgliedern an die Demonstration.

Der Kaufmännische Verband Zürich unterstützt auch die Kundgebung des Schweizerischen Gewerkschaftsbundes (SGB) vom 27. März in Bern und ruft seine Mitglieder zur Teilnahme und zur Mitfahrt im Extrazug von Zürich in die Bundesstadt auf – mit verbilligten Zugsbilleten, die Preisdifferenz übernimmt der KVZ.

Am Puls der Jugend

Die «Juga», die Jugendabteilung im KVZ, ist 1918 gegründet worden. Die Ausbildung der jungen Berufsleute im dualen System zieht sich wie ein roter Faden durch die Geschichte des KVZ. In den Achtzigerjahren wird die Jugendgruppe mit dem kryptischen Namen «X für U/rosablau» gegründet, wo sich die Lehrlinge für Freizeitaktivitäten, Sport und auch Weiterbildung treffen. 1987 veranstaltet die sehr aktive Jugendgruppe des KVZ eine repräsentative Umfrage, um den Puls der jungen Generation zu fühlen. Gefragt wird zum Beispiel nach der Lebenszufriedenheit, die bei den jungen Frauen in KV-Ausbildung deutlich höher ist als bei den Männern, bei denen die Zufriedenheit im Laufe der Lehre stark abnimmt, während sie bei den jungen Frauen fast konstant hoch bleibt. Die Erhebung enthüllt manches über das Befinden der KV-Lehrlinge. Die Umfrage ergibt, dass sich deutlich mehr Männer (30 Prozent) im letzten Lehrjahr langweilen als Frauen (unter 10 Prozent). Doch die jungen Männer sind mit ihrer KV-Lehre generell zufriedener als die jungen Frauen.

Die Rechte am Arbeitsplatz und in der Lehre sind einem erstaunlich hohen Prozentsatz (40 Prozent) nicht bekannt. Auffallend ist eine starke Konsumhaltung; Individualismus ist Trumpf, Solidarität wird eher kleingeschrieben, wie die Auswertung der Umfrage zeigt, an der sich 466 KV-Lernende beteiligen. Trotz unübersehbar auch resignierender Tendenzen glauben diese jungen Menschen an die Zukunft.

Von den Zwanzigjährigen möchten 40 Prozent der Frauen heiraten, jedoch nur knapp 15 Prozent der befragten Männer … Und welchen Menschen möchten die Lehrlinge im Jahr 1987 am liebsten kennenlernen? Auf dem ersten Platz steht Pop-Star Madonna, an zweiter Stelle «mich selber», an dritter Position US-Präsident Ronald Reagan und an vierter Position der Präsident der UdSSR Michail Gorbatschow.

«Bonsai» und «Staubsuuger»

1993 wird die KVZ-Jugendgruppe «X für U/rosablau» neu formiert, gleichzeitig sucht man nach einer neuen Bezeichnung. Dazu veranstaltet man einen Wettbewerb und wählt aus den 120 Zuschriften den Namen «Bonsai» aus, weil die Pflanze «in» und klein sei, dazu wertvoll und langlebig. Dass Bonsais von Menschen künstlich klein gehalten werden, spielt bei der Wahl des missglückten Namens keine Rolle. Die KVZ-Jugendzeitung «Staubsuuger» wird von Jugendlichen selbst gestaltet. Die Kerngruppe der «Bonsai-Connection» mit acht jungen Frauen und Männern ist alles andere als imposant, und die «Buttermilch-Bar», aufgebaut zwecks Anwerbung neuer Mitglieder im Lichthof der KVZ-Schule am Escher-Wyss-Platz, findet kaum Beachtung. Die Jungen müssen erkennen, wie schwierig es ist, unter den 4500 Lernenden Interesse zu wecken *(WK 5/93)*.

Im Bereich Jugendarbeit macht der KVZ vom Sporttag bis zur Afterwork-Party in den kommenden Jahren mehr als die meisten Organisationen der Arbeitswelt. Die Jugendarbeit wird auch als Mittel genutzt, die Lehrlinge später als zahlende Mitglieder an den Verband zu binden. Immer wieder wird an die Vorteile und Vergünstigungen erinnert, welche die KVZ-Mitglieder geniessen: Rabatte von 7 Prozent bei den SBB, REKA-Reisechecks sowie Vergünstigungen in 200 Geschäften im Kanton. Ein Kollektiv-Krankenversicherungsvertrag mit den Kassen Swica und KPT bietet zudem für Zusatzversicherungen erhebliche Prämienvergünstigungen.

Dank der Gratismitgliedschaft der Jungen kann der KVZ seine Mitgliederzahlen aufpolieren, denn sie wachsen automatisch nach.

Spannungen mit dem KV Schweiz

Der KVZ als weitaus grösster Finanzgeber des KV Schweiz stellt während drei Quartalen die Zahlungen an den Schweizer Verband ein. Mit 1 bis 1,5 Millionen Franken pro Jahr ist der KVZ bei weitem der grösste Geldgeber des Dachverbandes. «Wir brauchen Euch nicht mehr!», argumentiert Geschäftsleiter Peter Vonlanthen, der mit den Leistungen des KVS unzufrieden ist. Die Zürcher beklagen, dass sie als grösster Geldgeber, der die kleineren Fraktionen grosszügig an seinen Entwicklungen teilhaben lässt, zu wenig Gehör beim nationalen Verband fänden. Geschäftsleiter Vonlanthen kämpft dezidiert gegen Zentralisierungstendenzen im SKV, die er als «den Tod des Verbandes» geisselt. Schliesslich kann der Zwist beendet werden, worauf die Zahlungen wieder fliessen.

Wachsende Arbeitslosigkeit in kaufmännischen Berufen

1994

«Es ist mir alles scheissegal», sagt ein 42-jähriger Devisenhändler, arbeitslos seit 1992 und inzwischen ausgesteuert, zuhanden von «Wir Kaufleute». Arbeitslosigkeit ist eines der grossen Themen der Neunzigerjahre. In einer differenzierten Titelgeschichte befasst sich das Verbandsblatt einmal mehr mit den Problemen einer wachsenden Zahl von Arbeitslosen und der dramatischen Lage der Ausgesteuerten auch in den kaufmännischen Berufen. Einmal mehr thematisiert die leserfreundlich gestaltete Zeitschrift die Zeichen der Zeit. In dem von der freien Journalistin Bettina Büsser recherchierten Beitrag kommen Menschen zu Wort, die nach 400 Tagen nicht mehr stempeln können und aus der Arbeitslosenstatistik als Ausgesteuerte verschwinden.

In den Büroetagen geht die Angst vor der Entlassung um. Unter dem etwas irritierenden Titel «Lust und Leid der Langzeitarbeitslosigkeit» wird ein kostenloser Kurs für KVZ-Mitglieder organisiert, die seit mindestens einem halben Jahr auf Stellensuche sind. An acht Vormittagen im Sommer 1995 werden in Gesprächsgruppen mit Leidensgenossen unter der Leitung von Maya Walti Auswege aus der prekären Situation aufgezeigt und «Mut und Kraft geschöpft, um aus der drohenden Resignation herauszutreten». Offenbar mit einigem Erfolg, denn eine Teilnehmerin schreibt im Verbandsblatt, dass der KVZ den Langzeitarbeitslosen «ein Sicherheitsnetz» *(WK 12/1993)* biete. Die Realität der Ausgesteuerten ist bitter, wie ein anderes KVZ-Mitglied im selben Bericht über seine Erfahrung mit der Fürsorge schildert: «So, meine Herren, nun stellen Sie sich einmal vor, Sie hätten Fr. 22.– pro Tag zugut für Essen, Putzmittel und Kosmetika. Taschengeld erhalten Sie auch. Einen ganzen Fünfliber pro Tag.»

Zum Beispiel Elvia und Schweizer Versicherung

«Es geht um Sie!», steht gross über einem Aufruf an die KVZ-Mitglieder und Mitarbeitenden der Firmen ELVIA und Schweizer Versicherung, Töchter der Schweizer Rück, bei denen 380 Stellen abgebaut werden. Es zeige sich einmal mehr, dass die Angestellten die Folgen der Geschäftspolitik ausbaden müssten, schreibt Fredy Aeberli von der Abteilung Berufspolitik des KVZ im März 1992, «wir möchten Ihnen deshalb in Erinnerung rufen, dass wir Ihnen bei der Wahrung Ihrer Interessen als KVZ mit allen unseren Möglichkeiten zur Verfügung stehen.» Die Entlassungen bei den beiden Versicherungen können jedoch nicht verhindert werden.

Bei den Berufsschulen im Kanton Zürich, allen voran der KV Zürich Business School, ist die Teilnahme für Arbeitslose an den Weiterbildungskursen kostenlos, wenn man die Stempelkarte vorweist. Internationaler Druck, Rationalisierung und Flexibilisierung sowie Auslagerung von Arbeitsplätzen ins Ausland lasten auf dem Schweizer Arbeitsmarkt in den Neunzigerjahren. Der Verband hilft bei der Organisation von Betriebsversammlungen, veröffentlicht Wegleitungen zur Weiterbildung und warnt vor «Schnellbleichen»; der KVZ berät individuell durch den Rechtsdienst, hilft bei der Stellenvermittlung oder interveniert bei Unternehmen, die Entlassungen planen.

KVZ – kritisch gegenüber den Banken

Die kaufmännischen Mitarbeitenden der Banken sind durch den Einsatz moderner Technologien besonders betroffen. Hatte die wachsende Bankenbranche früher das anderswo freigesetzte Personal absorbieren können, befürchtet man jetzt einen Verlust von 25 bis 30 Prozent der Arbeitsplätze. Die Rationalisierung im Geldgewerbe hat viele Facetten: Die «Backoffice»-Funktionen werden in technisch hochgerüsteten Regionalzentren konzentriert, der Geldbezug erfolgt ohne Personaleinsatz am Bancomat, Telebanking wird gefördert. Der Personalabbau betrifft zu rund 60 Prozent Frauen und vor allem weniger qualifizierte Mitarbeitende.

Das Thema «Banken» beschäftigt den KVZ regelmässig.

Die Betriebsgruppe «Wir von der Bank» ist in diesen schweren Zeiten besonders aktiv und macht mit Berichten im Verbandsblatt, mit Kursen und Publikationen auf den rasanten Wandel in der Branche aufmerksam. Der KVZ fällt früh mit kritischen Lehrgängen zum Gebaren der Finanzindustrie auf, wie dem Tagesseminar «Finanzderivate – Glücksspiel oder

Absicherung» *(1995)*, das unter der Leitung des prominenten kapitalismuskritischen Ökonomen Gian Trepp wegen des grossen Interesses gleich mehrmals durchgeführt werden kann. Auch Podiumsgespräche, beispielsweise zur Zukunft der Zürcher Kantonalbank («Öffentlicher Leistungsauftrag versus Gewinnmaximierung»), wecken Interesse weit über die Branche hinaus und finden ein starkes Echo in der Presse.

Die viel beachteten, einschlägigen Publikationen in der KVZ-Schriftenreihe basieren teilweise auf einer hochkarätigen Vortragsreihe über volkswirtschaftliche Fragen und Zusammenhänge im Verbandshaus. Zum Beispiel «Mythos Banken-Arbeitsplätze» *(1995)*, wo Bankangestellte kritisch ihre Arbeitgeber beurteilen, «Finanzderivate – Die Position der Nationalbank» und «Dossier Geldwäscherei: Bankangestellte als Sündenböcke?» *(1994)*.

Etwas später, kurz vor dem Ausbruch der durch die Internet-Blase verursachten Finanzkrise, macht sich Gian Trepp in der KVZ-Schriftenreihe Gedanken über die Zukunft des helvetischen Bankenplatzes: «Finanz-Platz Schweiz ade?!» *(2000)* oder «Das Bankgeheimnis und die Zukunft des Schweizer Finanzplatzes», eine kritische Analyse aus dem Jahr 2004. Im Rückblick mit den Erfahrungen der neuesten Finanzkrise wirken diese kompakten Schriften visionär und die «Sieben Thesen des KVZ» am Schluss des schlanken Buches Punkt für Punkt prophetisch, wie zwei Beispiele belegen:

«Nr. 2: Das Bankgeheimnis als einstiges Kernstück des Offshore-Bankings ist heute durchlöchert und hat seine attraktive Wirkung verloren. (...) Zudem haben EU und USA ihren Kampf gegen Steuerhinterziehung massiv verstärkt.»

«Nr. 4: Der Finanzplatz setzt die Schweizer Realwirtschaft einem grossen wirtschaftlichen Systemrisiko aus (Gefahr eines Grossbankencrashs, faktische Staatsgarantie).»

Im selben Jahr schreibt Trepp in «Wir Kaufleute» eine Titelgeschichte mit der provokanten Überschrift: «Bankgeheimnis schadet dem Finanzplatz.»

Der Paradeplatz, Zentrum der Zürcher Bankenwelt.

Aktive KVZ-Betriebsgruppen

1995 Im Büro von Willy Rüegg in der 4. Etage des KVZ-Geschäftssitzes an der Pelikanstrasse reiht sich Ordner an Ordner. Der Historiker mit Hochschulabschluss war Mittelschullehrer, dann freier Journalist und arbeitete auch in der Werbe- und Kommunikationsbranche. 1999 kam er zum KVZ, wo er seither mit Maja Zwahlen, Iris Ichsanov und Corinne Martignier für das Ressort Berufspolitik im Team arbeitet und auch für die Betriebsgruppen des Kaufmännischen Verbandes zuständig ist.

Als erste dieser Gruppen wurde 1897 die Männerriege Kaufleute gegründet, 1915 die Frauenriege, im Laufe der Jahrzehnte kamen gegen dreissig neue Gruppierungen dazu. Zu Beginn waren es eher gesellschaftliche oder kulturelle Vereinigungen wie das 1896 gegründete Orchester KV Zürich, die Seniorenvereinigung VSV oder die kurz nach dem Zweiten Weltkrieg aus der Taufe gehobene Ski- und Wandergruppe. Vorläufer des Trends zur beruflichen Gruppenbildung war die im Zweiten Weltkrieg gegründete Vereinigung Eidg. Dipl. Buchhalter und Controller (VEB). In den Neunzigerjahren entstehen kämpferische und der Weiterbildung verpflichtete Frauengruppierungen.

Rüegg faltet einen Bogen mit dem Panorama der rund dreissig aktuellen Berufsgruppen auf, ein Kosmos, dessen Einzelteile sehr unterschiedlich agieren. «Wir von der Versicherung» *(1986)*, «Wir von der Bank» *(1994)*, «Wir vom Service Public» *(vor 1990)*, die Betriebsgruppen von Coop und Migros *(beide ca. 1990)* repräsentieren die Berufsgruppen im kaufmännischen Bereich und im Verkauf bei den Grossverteilern. «Ich bin sehr froh über die Aktivi-täten der Gruppen von Migros und Coop», erklärt Rüegg, «die beiden Schwergewichte im Schweizer Detailhandel drücken den Standard der Arbeitsbedingungen und der Mindestlöhne nach oben, in den Betriebsgruppen engagieren sich auch Kaderleute.» Alle Gruppen wählen in der Regel einen Vorstand mit Präsident und veranstalten Generalversammlungen. Einzelne Betriebsgruppen umfassen nur ein Dutzend Mitglieder, andere Hunderte.

Die Gruppen stehen und fallen mit einzelnen aktiven Mitgliedern

Man könne nie eine Mehrheit der KVZ-Mitglieder eines Unternehmens für die Betriebsgruppen mobilisieren, weiss Rüegg, oft engagieren sich die gleichen Leute über viele Jahre, fallen sie weg, geraten ganze Gruppen in Gefahr.

Pharmaassistentin, ein anspruchsvoller Beruf mit begrenzten Aufstiegsmöglichkeiten.

Die Pharmaassistentinnen – bis 1991 hiessen sie Apothekerhelferinnen – beispielsweise sind nicht besonders aktiv, obwohl diese Untergruppe des KVZ heute rund 200 Mitglieder zählt. Das Berufsbild ist nicht wirklich attraktiv, die Löhne sind vergleichsweise niedrig, die Fortbildungsmöglichkeiten zur Pharma-Betriebsassistentin und die damit verbundenen Aufstiegsmöglichkeiten begrenzt.

Bereits auf der Traktandenliste der Gründungsversammlung der KVZ-Gruppe Apothekerhelferinnen am 17. September 1990 im Grossen Saal im Verbandshaus Kaufleuten steht denn auch ganz oben auf der Traktandenliste eine Eingabe an den Apothekerverein zu den Lohnrichtlinien. Die bald danach eingeleiteten Verhandlungen bringen einen schönen Erfolg, wie die Verbandszeitung in der Rubrik «KVZ-Berufspolitik» vermeldet: Lohnerhöhungen von 11,5 bis 13 Prozent und Einführung des 13. Monatslohns! Im Gründungsjahr treten dank dieser Erfolge 50 Apothekerhelferinnen neu dem KVZ bei, doch die Verbandszeitung weibelt unermüdlich: «Denk bitte nicht, die andern machen schon – die andern sind leider immer noch viel zu wenige.»

Die Betriebsgruppe Pharma-Assistentinnen des KVZ organisiert unter anderem ein halbes Dutzend Anlässe pro Jahr. An Weiterbildungstagen wird über neue Medikamente ebenso informiert wie über Pflegemittel für Kontaktlinsen. Die Anforderungen an diese Berufsgruppe sind hoch, gefordert werden exaktes Arbeiten und Sozialkompetenz im direkten Kontakt mit den Kunden der Apotheke. Umso nötiger ist ein starkes Engagement der Basis in der Betriebsgruppe zur materiellen Sicherung der Berufsgruppe.

Viel zu tun für die KVZ-Betriebsgruppe

«Der neue Wind in der EPA» ist eine Einladung zur Versammlung der Betriebsgruppe überschrieben, die am 21. Juni 1995 im Verbandshaus Kaufleuten über die Bühne geht. Thema sind die beim Detailhändler einreissenden Entlassungen und zunehmend flexiblen Arbeitsverhältnisse. Die KVZ-Betriebsgruppen sind in der Wirtschaftskrise besonders aktiv, so auch bei der EPA (Neue Warenhaus AG). In dem ursprünglich als «Einheitspreis AG» gegründeten Familienunternehmen rumort es, denn die Marktanteile schrumpfen, eine ausgewechselte Führungscrew spart rund 10 Prozent der 3600 Vollzeitstellen in verschiedenen Filialen weg, weitere Einschnitte drohen. Ein Bericht in der Konsumentenzeitschrift «K-tip» diagnostiziert «Demütigung und Arroganz» beim Abbau mit der Devise «Die Alten und die Dicken müssen weg». Auch der «Tages-Anzeiger» bilanziert: «Wenig zu jubeln hat das Personal», und berichtet, wie der KVZ sich für die durch Flexibilisierung, Kündigungen und Lohndumping gebeutelten Verkäuferinnen und Verkäufer einsetzt *(«Tages-Anzeiger», 12. Oktober 1995)*. Zitat aus einem KVZ-Papier: «Wir gehen davon aus, dass Abrufverträge ohne Lohngarantien für niemanden zumutbar sind.»

Die Direktion weigert sich, mit Vertretern des Verbandes zu verhandeln, doch dieser unterstützt das verunsicherte und empörte EPA-Personal mit seinem Rechtsdienst und stellt der Betriebsgruppe Räume im Verbandshaus für Tagungen zur Verfügung. Die Geschichte findet doch noch irgendwie ein Happy End, weil Coop, ein Unternehmen mit besseren Standards für die Mitarbeitenden, 2002 die EPA übernimmt.

Trotz Wirtschaftskrise und unsicheren Arbeitsplätzen ist in den Neunzigerjahren nicht alles grau in grau. Anton Moos organisiert gemeinsam mit Vertretern der KVZ-Betriebsgruppen regelmässig Apéros und andere gesellschaftliche Anlässe wie den vom Verband grosszügig unterstützten Spaghettiplausch im Restaurant Gessnerallee mit Musik, Tanz und Attraktionen.

Vielfältige Szene der KVZ-Gruppen

«Wir von der Versicherung», die 1986 gegründete KVZ-Untergruppierung der kaufmännischen Angestellten in der Versicherungsbranche, setzt sich ein für verbesserte Arbeitsbedingungen bei den Versicherungen und organisiert regelmässig Veranstaltungen, die weitere Kreise interessieren.

Das Budget dieser Untergruppen variiert heute von einigen hundert Franken pro Jahr bis über 30 000 Franken («Wir vom Service Public», «Wir von der Bank»). Wie Rüegg präzisiert, sind das keine Vollkostenbudgets, denn die Arbeit des KVZ, Druckkosten für Mailings, Aufwand für Veranstaltungen im Verbandshaus belasten das Gesamtbudget des Verbandes, die Gruppen übernehmen nur externe Kosten. Die aktivste Untergruppierung des KVZ sind die Senioren mit vielen Anlässen von der Wanderung bis zur Dichterlesung sowie die 1997 gegründete Gruppe «Öffentlicher Dienst» mit Hunderten von Mitgliedern in den kommunalen und kantonalen Verwaltungen. Das Verbandshaus am Pelikanplatz mit zwei Dutzend Beschäftigten in der KVZ-Verwaltung ist Brennpunkt vieler unterschiedlicher Interessengruppen, wo selbst der «Ladies' English Club KVZ» sein Sitzungszimmer hat, eine 1948 gegründete Vereinigung, die sich bis heute erfolgreich gegen den Zuzug der Männer wehrt.

Untergruppen bilden sich da, wo ein Bedürfnis besteht und sich jemand besonders engagiert. So entstand 2003 die Gruppe «Wir BerufsbildnerInnen», wo sich Personalfachleute zum Gedankenaustausch treffen und jährlich mehrere Informationsveranstaltungen organisieren.

«Wir vom KVZ sind generell nur für die systemischen Fragen zuständig», erklärt Willy Rüegg, «doch die Mitglieder wenden sich auch direkt mit individuellen Fragen an unser Team, so erfahren wir, was die Leute bewegt.» Dann weist Rüegg mit Nachdruck auf eine wichtige Funktion des KVZ hin: «Wir müssen kämpfen, sonst werden wir nicht ernst genommen!»

Willi Rüegg, im Verband unter anderem zuständig für die KVZ-Betriebsgruppen.

«Diese Flasche ist nicht mehr tragbar, die muss weg»

(Zitat aus einer Reportage über Mobbing am Arbeitsplatz in der «SonntagsZeitung», 9. Mai 1993)

Der KVZ begleitet das Thema Mobbing seit 1988, erläutert im Verbandsblatt periodisch die Mechanismen und bietet Hilfestellung.

Im Vorstand der 1996 gegründeten «Gesellschaft gegen psychosozialen Stress und Mobbing» (GpSM) nehmen interdisziplinäre Fachleute aus Schweden, Deutschland und der Schweiz Einsitz, vom KVZ sind Geschäftsleiter Peter Vonlanthen und Daniel Tiboldi, Chef des Rechtsdienstes, mit im Boot. Die GpSM Schweiz hat ihren Sitz im Verbandshaus des KVZ.

In einschlägigen Workshops und Seminaren werden Lösungswege aufgezeigt. Wichtig ist die Einrichtung einer betrieblichen Clearing-Stelle, welche die Fälle aufarbeitet. Von der Dokumentation über die Klärung des ursprünglichen Konfliktes, Moderation zwischen den Betroffenen und der Definition gemeinsamer Ziele kommt man zur Verabredung von Spielregeln für die künftige Zusammenarbeit mit dem gemobbten Mitarbeitenden, falls diese überhaupt noch möglich ist. In schweren Fällen wird ein psychologischer Coach eingeschaltet.

Der KVZ gab in der Schweiz das erste Buch zur Thematik heraus, den 1996 publizierten Ratgeber «Mobbing», verfasst von Karin Schüpbach und Rossella Torre. Der KVZ installiert gemeinsam mit dem «Beobachter» auch eine Mobbing-Hotline, wo innert kurzer Zeit Hunderte von Betroffenen Hilfe finden. Die Anrufe decken alle Facetten der kaufmännischen Berufe ab, von Banken über Versicherungen bis zur Kantonalen Verwaltung, zu Heimen und Spitälern; 7 Prozent betreffen gemeinnützige Organisationen. *(WK 4/94)*

Innerbetriebliche Konflikte, die nicht selten Mobbing als Ursache haben, sind ein Dauerbrenner beim KVZ-Rechtsdienst, wobei sexuelle Übergriffe nicht im Vordergrund stehen. In einer elektronischen Datenbank sammelt der Verband Berichte und wissenschaftliche Arbeiten zur Thematik und listet landesweit alle zuständigen Stellen und Universitätsinstitute auf, sammelt alle relevanten wissenschaftlichen Arbeiten und Presseberichte und lässt die Erkenntnisse via Rechtsdienst in die Praxis einfliessen.

Geschäftsleiter Vonlanthen engagiert sich persönlich und lädt im Spätherbst 1995 im Namen der SP Oberengstringen zu seinem Vortrag über Mobbing ein. Weitere Referate folgen im Schweizer Marketing Club, in Bildungszentren, an Kaderveranstaltungen oder auch beim Staatspersonalverband St. Gallen.

1995 organisiert der Kaufmännische Verband Zürich gemeinsam mit dem «Tages-Anzeiger» im Hotel Zürich ein Symposium zum brisanten Thema mit Referaten hochkarätiger Expertinnen und Experten. In der umfangreichen Dokumentation «Mobbing – Psychostress am Arbeitsplatz» zur Tagung werden auch die betriebswirtschaftlichen Kosten des Mobbings beziffert, das ungefähr ein Prozent aller Arbeitenden betrifft, wie Fachleute schätzen. Pro Fall können die Kosten rasch 100 000 Franken und mehr betragen, da Opfer von Psychostress am Arbeitsplatz oft medizinisch und psychologisch betreut werden müssen.

Mobbing – die psychische Vampirhaltung

KVZ

Mobbing -Ein Gespräch über den Psychoterror am Arbeitsplatz mit Peter Vonlanthen

Wer mobbt wen warum, und wie können Betroffene damit umgehen? Der Kaufmännische Verband Zürich (KVZ) hat zusammen mit dem «Schweizerischen Beobachter» eine Untersuchung zum Thema gemacht. Der Oberengstringer Peter Vonlanthen, Geschäftsleiter des KVZ, berichtet über die Ergebnisse.

Peter Vonlanthen: «Manchmal schlägt man am besten mit den gleichen Waffen zurück, Angriff ist die beste Verteidigung.» Foto: cst

□ *Limmattaler Tagblatt: Plötzlich, vor etwa fünf Jahren, tauchte das Wort «Mobbing» auf. Handelt es sich um ein neues Phänomen, oder ist lediglich die Bezeichnung neu?*

■ **Peter Vonlanthen:** Zum Teil ist es sicher alter Wein in neuen Schläuchen, Psychoterror hat es immer gegeben. Krisenzeiten wie die Rezession verstärken aber die Mobbing-Gefahr. Plötzlich werden diese Strategien auch von Firmenleitungen geduldet, weil der Personalbestand sich so selber reguliert – Mobbing als Feigenblatt für Personalabbau.

□ *LT: Warum wird jemand gemobbt?*

■ **Peter Vonlanthen:** Ein häufiges Motiv der Mobber ist die Angst vor dem Verlust des Arbeitsplatzes. Neid über die Lebenssituation oder das Aussehen einer Person und Konkurrenzgefühle können weitere Gründe sein.

□ *LT: Wer wird gemobbt? Gibt es ein typisches Opfer?*

■ **Peter Vonlanthen:** Es gibt weder typische Opfer noch typische Täter. Eine gewisse Opferhaltung begünstigt aber eventuell das Mobbing, weil sie Aggressionen wecken kann.

□ *LT: Werden Männer wie Frauen gleichermassen gemobbt?*

■ **Peter Vonlanthen:** Frauen werden leicht mehr gemobbt. Das Verhältnis ist etwa sechzig zu vierzig. Am meisten gemobbt wird aber innerhalb einer Geschlechtergruppe.

□ *LT: Gibt es Strukturen in Betrieben, die Mobbing fördern?*

■ **Peter Vonlanthen:** Stark hierarchisierte Betriebe. Zum Beispiel öffentliche Verwaltungen, soziale Institutionen, Spitäler. Je unwirtschaftlicher ein Betrieb geführt wird, desto anfälliger ist er. Je sturer, je «verbeamteter« ein Arbeitsorgan ist, desto eher wird gemobbt. Dort, wo Rechte nur auf dem Papier bestehen, wo Hierarchien nichts mehr mit Kompetenz zu tun haben, sucht man andere Strategien, um ans Ziel zu kommen.

□ *LT: Wie entstehen Mobbing-Gruppen? Sind sie sich bewusst, was sie anrichten?*

■ **Peter Vonlanthen:** Man findet sich stillschweigend zusammen, und die Strategien ergeben sich von selber. Es setzen dann ja auch gruppendynamische Prozesse ein. Meist sind sich die Mobber am Anfang nicht bewusst, was sie machen. Es gibt dann aber innerhalb einer Gruppe manchmal auch solche, denen es zuviel wird und die aussteigen wollen.

□ *LT: Welche Mobbing-Methoden gibt es?*

■ **Peter Vonlanthen:** Das geht von Nichtgrüssen bis zur handfesten Sabotage. Mir ist ein Fall bekannt, in dem ein Mobber Nacht für Nacht in die Firma zurückgekehrt ist und gelöscht hat, was der Gemobbte am Tag gearbeitet hat. Auch sexuelle Belästigung kann eine Form von Mobbing sein. Man isoliert ein Opfer, stellt es bloss, gibt ihm unrealistische Arbeitsvorgaben. Meist beginnt es so subtil, dass es die Betroffenen zu Beginn gar nicht merken.

□ *LT: Wie ist es zu erklären, dass Nichtbeteiligte, die das Treiben beobachten, nicht reagieren?*

■ **Peter Vonlanthen:** Das ist natürlich auch Zeichen einer zunehmend entfremdeten Gesellschaft, in der Individualismus in Egoismus ausartet. Zivilcourage ist nicht gefragt. Manchmal kommt es mir vor, als sei nicht einmal mehr Leistung gefragt, sondern einfach Anpassung. Meiner Erfahrung nach reagieren auch die Vorgesetzten oft nicht, weil es ihnen peinlich ist, dass Mobbing in ihrem Betrieb existiert.

□ *LT: Wie reagieren die Betroffenen auf den Psychoterror?*

■ **Peter Vonlanthen:** Viele Opfer somatisieren, bekommen Angstgefühle, leiden an Depressionen. Es kann sogar bis zu Selbstmordgedanken oder Suizid kommen. Ein prominentes Mobbingopfer ist Günther Tschanun, der dann zur Waffe griff. Hinter dem Mobbing ist sehr viel Leid versteckt – Mobbing ist eine psychische Vampirhaltung.

□ *LT: Wie soll man reagieren, wenn man merkt, dass man gemobbt wird?*

■ **Peter Vonlanthen:** Wenn man es merkt, ist es meistens schon zu spät. Man kann versuchen, es transparent zu machen. In vielen Fällen hilft allerdings nur eine Versetzung oder ein Stellenwechsel. Man kann sich an aussenstehende Freunde oder Freundinnen wenden, an einen Vertrauensarzt oder den Rechtsdienst des Kaufmännischen Verbands. Mittlerweile gibt es auch schon Mobbing-Selbsthilfegruppen.

□ *LT: Entstehen durch Mobbing Kosten?*

■ **Peter Vonlanthen:** Da Mobbing meist über Jahre dauert, sind ganze Abteilungen während einer extrem langen Zeit paralysiert. Die Kreativität geht im sinn- und nutzlosen Kampf verloren. Innovationen haben in einem derartigen Klima keine Chance. Vorsichtige Schätzungen gehen davon aus, dass pro Mobbingfall 100 000 Franken verlorengehen. Und es werden Tausende gemobbt. Volkswirtschaftlich ist das nicht vertretbar. Das Ziel des Kaufmännischen Verbands ist es, von oben nach unten zu sensibilisieren, den Chefs zu sagen, auf was sie achten müssen, wie sie Mobbing erkennen können. Firmeninhaber schalten sich leider erst dann ein, wenn sie merken, dass die Vorgänge sie etwas kosten.

Interview: cst

Die Broschüre «Mobbing» kann für 12 Franken beim KVZ, Pelikanstrasse 18, 8023 Zürich bezogen werden.

Mobbing

(cst) Der Begriff Mobbing beschreibt eine Reihe von negativen kommunikativen Handlungen von einer oder mehreren Personen einer einzelnen Person gegenüber. Die Handlungen dauern längere Zeit. Mobbing kommt aus dem Englischen und heisst: «Jemanden anpöbeln oder angreifen, über jemanden herfallen.»

KVZ-Geschäftsführer Peter Vonlanthen setzt das Thema «Mobbing» ganz oben auf die Verbandsagenda.

Wandel des Mobbing-Begriffs

Der Leiter des KVZ-Rechtsdienstes, Daniel Tiboldi, erklärt im Rückblick auf bald zwei Jahrzehnte Erfahrung mit dem Thema: «Mobbing ist zu einseitig anklagend, wir bezeichnen das Problem jetzt als ‹Konflikt am Arbeitsplatz›.» Das Täter-Opfer-Schema erfasse den Tatbestand in der Regel nicht komplett. Die Beteiligten müssten das Problem gemeinsam lösen, weil oft beide einen Anteil an den Schwierigkeiten hätten. Untersucht man einen Konflikt genauer, handelt es sich oft nicht um Mobbing, sondern um Meinungsverschiedenheiten, die man nicht aufarbeitete. Bei solchen Konflikten stehen der Schutz der persönlichen Integrität, die Gesundheit, die Würde der Angestellten auf dem Prüfstand.

«Wir suchen telefonisch Kontakt mit dem Arbeitgeber, wir moderieren, und es kommt auch vor, dass wir bei der Firma nachschauen und dort das Gespräch führen», erläutert Tiboldi. Grosse Spannungen am Arbeitsplatz kosten viel Energie und Arbeitszeit und damit auch Geld. Und manchmal ist das Problem nur so zu lösen, dass ein Mitarbeitender geht, euphemistisch heisst das heute «Outplacement».

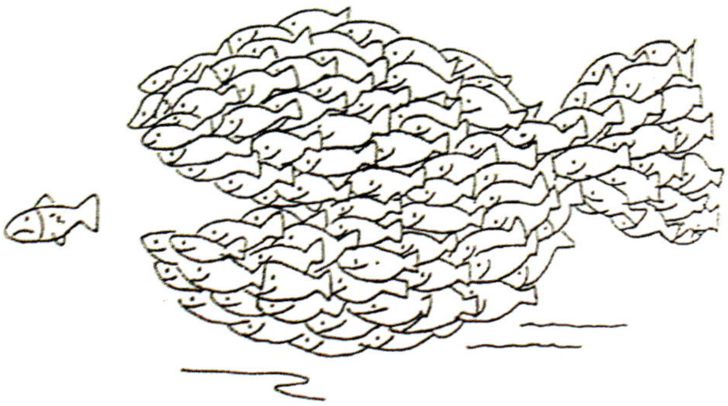

Einsatz des KVZ für die Gleichberechtigung: ein langer Weg zur Frauenstelle des KVZ

1996 Fern scheinen die Zeiten, wo die Delegiertenversammlung des Kaufmännischen Verbandes Schweiz die Frage diskutierte, ob Mädchen zur Lehrlingsprüfung zuzulassen seien, was 1886 und 1889 mit grosser Mehrheit abgeschmettert wurde. Erst als der Bundesrat 1898 verfügte, dass Bildungsinstitutionen, die Mädchen nicht akzeptierten, die Subventionen entzogen werden, lenkte auch der Kaufmännische Verband ein. Nach und nach stürmten Frauen weitere Männerbastionen: So bekamen sie nach mehreren Vorstössen 1912 auch Zutritt zur Stellenvermittlung des SKV und ab 1918 durften sie, wie beschrieben, Mitglied beim Schweizerischen Kaufmännischen Verband werden.

Irmgard Schmid-Schuler, ab 1989 Frauenbeauftragte des KVZ, leitet heute eine Firme für Organisationsberatung, Teamentwicklung und Coaching.

Auch der KVZ hat sich in der Förderung der Frauen lange nicht hervorgetan. Doch in den Neunzigerjahren gewinnt die Thematik neue Aktualität, denn von den rund 29 000 Mitgliedern des Kaufmännischen Verbandes Schweiz sind 40 Prozent Frauen, damit hat der SKV unter allen Arbeitnehmerorganisationen den grössten Frauenanteil.

Im gemütlichen Büro unter dem Dach des Boldernhauses an der Voltastrasse am Zürichberg sprechen wir mit Irmgard Schmid-Schuler, ihre Firma «is perspectiva» für Organisationsberatung, Teamentwicklung und Coaching hat sie im Jahr 2000 nach dem Abschied vom KVZ gegründet. 1989 ist die diplomierte Erwachsenenbildnerin von Peter Vonlanthen als Frauenbeauftragte des KVZ angestellt worden – eine Pioniertat und Jahre bevor der Schweizer Verband eine ähnliche Position schuf. Der KVZ richtete die Frauenstelle ein mit dem Ziel der Besserstellung der Frauen in kaufmännischen Berufen. Dass man Familie und Beruf vereinbaren kann, beweist die Mutter von drei Kindern und Frau eines Theologen, indem sie sich die Familienaufgaben mit ihrem Mann teilt.

Engagierte Frauenförderung

Die am 1. April 1990 eingerichtete Frauenstelle KVZ dient als Anlaufstelle für Frauenfragen, sie berät, informiert und koordiniert. «Frauenarbeit ist in der Rezession noch wichtiger geworden», sagt Irmgard Schmid-Schuler dem «Tages-Anzeiger» *(15. Mai 1992)*. Der KVZ verzeichnet wegen der Einrichtung der Frauenstelle gar einzelne Austritte männlicher Mitglieder. Davon lässt sich Peter Vonlanthen, wie er an einer Medienkonferenz betont, keineswegs einschüchtern: «Ich wünsche mir nicht bravere, sondern wildere Frauen – aber auch wildere Männer, die bei frauenpolitischen Fragen weniger abseits stehen.»

Auf Irmgard Schmid-Schuler jedenfalls wartet ein gerüttelt Mass an Arbeit, hatte doch eine KVZ-Umfrage bei 200 Zürcher Betrieben kurz vor ihrem Stellenantritt beim Verband ergeben, dass in Sachen Frauenförderung «grosse Ratlosigkeit und Unsicherheit herrschen».

Buntes Kursangebot für Frauen.

Mit viel Erfahrung in der Erwachsenenbildung sowie aus ihrer Arbeit in der Zuger Frauenzentrale tritt Irmgard Schmid die nicht genau definierte Stelle beim KVZ an. Peter Vonlanthen gibt ihr Raum, die Aufgabe zu gestalten, was sie mit Kompetenz und Engagement tut.

Schmid, die selbst ihre ersten Berufserfahrungen als Sekretärin gemacht hat, weiss, dass viele junge Frauen weniger aus Neigung als aus Unkenntnis über ihre eigenen Begabungen eine kaufmännische Lehre absolvieren und dann in der «Bürofalle» enden. «In vielen Frauen steckt eine starke Persönlichkeit, die jedoch durch Rollenzwänge zurückgebunden ist und Impulse braucht, damit sie sich entwickeln kann», vertraut sie dem «Tages-Anzeiger» an *(6. Dezember 1990)*. Dabei kann sie auf die Schützenhilfe von Peter Vonlanthen zählen, der im selben Pressebericht zitiert wird: «Zementierte Strukturen sind nicht gottgewollt, sondern entstehen durch das Schablonendenken der Menschen, vorwiegend männlicher Spezies. Es gibt viele Möglichkeiten des Reagierens; damit jedoch qualitative Veränderungen eintreten, braucht es den Mut zur Utopie und zum Hoffnungsdenken. Wenn wir gemeinsam darangehen, potenziert sich die Kraft der Phantasie und der Elan zu Veränderung.»

Die Frauenbeauftragte des KVZ vermittelt diese Impulse. Schon im ersten Jahr fokussiert Irmgard Schmid auf die Frauenbildung – ein Volltreffer, denn 700 Frauen nehmen die Angebote zu Persönlichkeitsentwicklung und beruflicher Laufbahngestaltung wahr. Als weiteres Erfolgserlebnis verbucht sie, dass anfangs der Neunzigerjahre 27 Frauen mit kaufmännischer Grundausbildung und ersten Erfahrungen in Führungspositionen einen zwölftägigen Lehrgang «Weiterkommen im Beruf» absolvieren.

FrauenNetz

Das «FrauenNetz KV Zürich» gründet Irmgard Schmid, weil sie erkennt, dass Frauen bedeutend weniger vernetzt sind als die Männer. Persönlichen Austausch, Information, Unterstützung, Impulse in einem offenen, flexiblen und informellen Rahmen will das neue Netz schaffen; Frauen seien für diese Organisationsform besonders talentiert, ist die Sozialwissenschafterin und Unternehmensberaterin Elisabeth Michel-Alder überzeugt, die im Dezember 1994 im Kaufleutensaal über das Thema «Netzwerke sind unser Beziehungskapital!» referiert.

Das Netzwerk bietet den KVZ-Frauen einen regelmässigen «Treff», wo Interessierte zwanglos Erfahrungen austauschen können. Der Verband organisiert Frauenfeste und ein Frauenschiff, das im Juni 1991 in den Zürichsee sticht und Buffet, Cüplibar und Ballonwettbewerb bietet und wo die Frauenband «Suspended Four» für Stimmung sorgt. Ein Männerschiff mit einer Männerband zur Motivation von KVZ-Mitgliedern? Unvorstellbar. Im Rückblick von zwanzig Jahren wirken diese Veranstaltungen aus der Aufbruchstimmung des Gleichstellungsgesetzes und der neu etablierten Frauenstelle KVZ bereits historisch.

Frauen und Männer unterscheiden sich in ihrer Sozialisation und entwickeln dadurch ein unterschiedliches Selbst- und Rollenbewusstsein. Die Frauenstelle des KVZ habe Pionierarbeit für die Sache der Frau geleistet, betont Schmid, und bei Frauen und Männern zu einem neuen Verständnis von Gleichberechtigung beigetragen.

Gute Stimmung auf dem Frauenschiff im Juni 1991 auf dem Zürichsee.

Kurse, Seminare und Tagungen

Die Entwicklung von Kursen, Seminaren und Tagungen gehört zum Pflichtenheft der Gleichstellungsbeauftragten ebenso wie der Erfahrungsaustausch in Gruppen, Öffentlichkeitsarbeit und der Aufbau und die Führung einer frauenpolitischen Dokumentation. In verschiedenen Kantonen entstehen die kantonalen und kommunalen Gleichstellungsbüros, das Thema ist en vogue. Irmgard Schmid bietet zum Beispiel einen siebenteiligen Kurs «Die Lust am Führen (neu) entdecken» für Frauen an, die gerade eine Führungsaufgabe übernommen haben oder ihre Rolle, ihren Stil in einer Führungsposition überdenken wollen. Dieses Angebot entsteht aufgrund ihrer berufsbegleitenden Weiterbildung in Organisations- und Teamentwicklung, Supervision und Coaching.

Mit Unterstützung der Gleichstellungsbeauftragten des Kaufmännischen Verbandes Zürich lernen die Frauen «Gespräche führen im beruflichen Alltag», mit ihren Süchten umgehen – «Hinter jeder Sucht steht eine Sehnsucht», lautet der Titel einer Veranstaltung – oder im Sekretariat selbstständig arbeiten. Auch das Älterwerden im Beruf und die Altersvorsorge für Frauen sind Themen für geschlechtsspezifische Kurse.

Ein Dauerthema ist die Vereinbarung von Beruf und Familie: «Lust auf Kinder – Frust ohne Beruf?», ein Kurs, der auf Erfahrungen der beteiligten Teilnehmerinnen aufbaut. «Der Atem – ein Weg zu sich selbst» ist die Thematik eines Wochenendkurses im «Haus der Stille und Besinnung» in Kappel am Albis, mitzunehmen sind warme Socken und eine Wolldecke.

Eine Werkmappe «Kauffrauen Unterwegs» realisieren der Kaufmännische Verband Zürich, der Technologiekonzern Sulzer und der Schweizerische Kaufmännische Verband gemeinsam im Jahre 1995 in Zusammenarbeit mit mehreren Fachfrauen aus verschiedenen Disziplinen (auch ein Mann ist in der Projektbegleitung mit dabei). In gegen zwanzig anregenden Dossiers lernen Kauffrauen ein Mitarbeiterinnen-Gespräch optimal zu führen, werden mit dem Leitfaden «Weiterkommen im Betrieb» vertraut gemacht oder angeleitet, wie man «Kinder und Beruf unter einen Hut» bringt. Weiterführende Literatur und eine Liste der Schweizer Beratungsangebote runden das gefragte Dossier ab.

Wegleitungen für Kauffrauen

Es herrscht Aufbruchstimmung, doch die Frauensolidarität entpuppt sich zuweilen als Mythos; denn auch unter Frauen gab und gibt es immer wieder Konkurrenzdenken und Rivalität, die bis zum Mobbing geht. Gerade bei den Frauen, die es beruflich weit gebracht haben, mangelt es zuweilen an Solidarität mit dem eigenen Geschlecht. Ein einschlägiger KVZ-Frauenkurs sorgt für Durchblick und Bewusstseinsbildung: «Führen im Spannungsfeld von Macht und Menschlichkeit». Dem Zielpublikum entsprechend hoch ist der Tarif des Dreitageskurses: 850 Franken für Mitglieder, 1050 Franken für Nichtmitglieder.

Gleichstellung als Ziel

In den Neunzigerjahren engagiert sich der KVZ mit voller Kraft für die Gleichstellung, ein Postulat, das in der Arbeitswelt noch längst nicht verwirklicht ist. «Auszug aus dem Patriarchat», lautet der Titel eines Vortrages im Kaufleutensaal im Spätsommer 1994. Die aus Deutschland angereiste feministische Theologin Renate Schmidt zeigt den Weg auf, wie Frauen sich aus «Anpassungsdruck und schweigender Verschwörung lösen können, um ihre eigene, weibliche Identität zu finden». Dazu passt auch die aufmüpfige Tagung «Aufstand der Frauen im kaufmännischen Berufsfeld», die der KVZ in Zusammenarbeit mit dem SKV und dem Bundesamt für Industrie, Gewerbe und Arbeit BIGA veranstaltet. In der Verbandszeitung erscheinen regelmässig Berichte und Recherchen zum Thema «Frauen als Konjunkturpuffer» oder «Im selben Boot».

Diese engagierten Berichte wirken wie ein Vorbeben des Gleichstellungsgesetzes, dessen Abstimmungskampagne auf Hochtouren läuft. Irmgard Schmid packt den Stier bei den Hörnern und interviewt für das Verbandsblatt Dr. Rolf Dürr, Rechtsanwalt mit eigener Kanzlei und Geschäftsleiter des Verbandes Zürcher Handelsfirmen. Der Vertreter des mächtigsten Partners des KVZ auf Arbeitgeberseite ist Gegner des Gleichstellungsgesetzes, präzisiert aber gleich bei der ersten Antwort, «dass wir (die Arbeitgeberverbände) nicht gegen die Gleichstellung, sondern gegen das Gesetz sind. Wir sind nämlich der Meinung, dass Art. 4 der Bundesverfassung genügend Handhabung bieten würde, die Gleichstellung durchzusetzen.»

Mit dem neuen Gesetz werde nur eine weitere Bürokratie zulasten der gewerblichen Betriebe geschaffen, das Gesetz sei so kompliziert, dass es nur Juristen mit Kompetenz im Arbeitsrecht verstehen werden, argumentiert der Exponent der Arbeitgeberseite. Frau Schmid kontert, dass eine Lohnumfrage des KVS ergeben habe, dass Frauen noch bis zu 30 Prozent weniger als Männer verdienten, was Arbeitgebervertreter Dürr verneint. Würde man nach Art der Arbeit, Funktion, Leistung, Betrieb etc. differenzieren, bleibe ein Unterschied von wenigen Prozenten. Sekretärinnen hätten in der Hochkonjunktur teilweise «sagenhaft hohe Löhne» erhalten, flicht er ein – ein Klischee, das immer wieder für einen ganzen kaufmännischen Berufsstand bemüht wird.

Trotz der Kontroverse ist die Zusammenarbeit zwischen KVZ und VHZ gut. Seit 1948 besteht lückenlos ein Gesamtarbeitsvertrag, den die beiden Partner durch Verhandlungen den aktuellen Gegebenheiten anpassen. Frauenspezifische Anliegen führten nie zum Scheitern dieses für den Wirtschaftsplatz Zürich wichtigen Gesamtarbeitsvertrages. Dürr weist darauf hin, dass alle grossen Unternehmen Gleichstellungsbeauftragte beschäftigten, 90 Prozent der im VHZ organisierten Arbeitgeber seien jedoch Klein- und Mittelbetriebe, für die das Gesetz noch mehr Formulare und Bürokram bringe.

Inkrafttreten des Bundesgesetzes über die Gleichstellung von Frau und Mann

Trotz dem Sperrfeuer aus Wirtschaftskreisen wird das Bundesgesetz über die Gleichstellung von Frau und Mann im Parlament angenommen und tritt am 1. Juli 1996 in Kraft. Das Gesetz verpflichtet den Staat, Art. 4 Abs. 2 der Bundesverfassung – wo die Gleichberechtigung längst in Stein gemeisselt ist – endlich aktiv umzusetzen. Der KVZ nutzt die Gunst der Stunde und trumpft mit Inseraten mit dem Porträt der Leiterin Frauenstelle – inzwischen wird sie im Trend der Entwicklung «Gleichstellungsbeauftragte» genannt – in der Zürcher Presse auf und weist auf die Verdienste des Verbandes für die Gleichstellung hin *(«Tages-Anzeiger» 17. Juni 1996)*.

Nach Annahme des Gleichstellungsgesetzes gelingt es Irmgard Schmid, für einzelne einschlägige Projekte der Weiterbildungsoffensive Bundesgelder zu bekommen. «Die Gleichstellung von Mann und Frau», lautet der Titel eines grossen Berichts in der Verbandszeitung, verfasst von Regula Mullis Tönz, Anwältin und Mitarbeiterin im Rechtsdienst KVZ *(WK 8/96)*. Zitat: «Den Frauen selbst ist mit dem neuen Gleichstellungsgesetz ein Instrument in die Hand gegeben, das ihnen ermöglicht, Gleichstellung verbindlich einzufordern.» Auf Bundesebene besteht das Eidgenössische Büro für Gleichstellung zwar bereits vor der Annahme des Gesetzes, doch es bleibt noch viel zu tun. Die eigentlichen Ziele des Gleichstellungsgesetzes fokussieren auf das Erwerbsleben und den Abbau von offenen und versteckten Diskriminierungen zum Beispiel bei der Ablehnung einer Anstellung, einer Kündigung oder bei fehlender Lohngleichheit – Tatbestände, die den KVZ-Rechtsdienst tagtäglich beschäftigen. Dieser veran- staltet denn auch im Spätherbst 1996 ein aktuelles Seminar «Gleichstellung in der Praxis», das sich an Personalsachverständige, Vorgesetzte und Angestellte richtet und eine praxisbezogene Orientierungshilfe über die rechtlichen und betrieblichen Rahmenbedingungen und Anpassungen anbietet.

Im Safe-Raum einer Bank: Gleiche Arbeit, gleicher Lohn?

Peter Vonlanthen hat als Parlamentarier der Sozialdemokratischen Partei im Zürcher Kantonsrat die Bestrebungen zur Gleichstellung schon früh zu einem wichtigen berufspolitischen Anliegen des Verbandes gemacht. Er verkörpert den Kaufmännischen Verband Zürich nach aussen; Präsidenten und Vorstand bleiben eher im Hintergrund.

Publikationen und ein schräges Theaterstück

Mit Elan zieht Irmgard Schmid ihre Mission durch, ein von ihr als Projektleiterin gemeinsam mit dem Schweizerischen Verband für Berufsberatung initiiertes und von Beatrice Stoffel und Marie-Louise Ries geschriebenes Brevier «Unterwegs als Interessen-Detektivin» erreicht vier Auflagen. Die witzig aufgemachte Schrift in der Reihe der KVZ-Publikationen ermöglicht es Frauen, mehr Klarheit über sich selbst und ihre berufliche Laufbahn zu bekommen.

Geprägt durch die eigene Sozialisation mit einem partnerschaftlich denkenden Mann, ist Schmid nicht militant-polarisierend, doch sie erkennt einen sehr grossen Nachholbedarf für die Sache der Frauen. Dass man wichtige Anliegen mit Humor formulieren kann, beweist auch «Für Elise oder Etüde für die rechte Hand», ein knapp einstündiges Theaterstück von und mit Irène Trochsler und Christina Diaz-Adam, das Schmid in Auftrag gibt und das 1993 witzig-grotesk das Leben einer kaufmännischen Angestellten zeigt. Manch umjubelte Aufführung auf der Kaufleuten-Bühne und sogar eine Tournee erlebt dieses Stück, das auf schräge Art das Schicksal der Damen an der Schreibmaschine und den ersten Computern thematisiert und auf heitere Weise Denkanstösse vermittelt.

Probleme des Bankpersonals

1997 «Wir von der Bank» ist eine der aktivsten Untergruppen des KVZ. 1994 gegründet, hat sie schon bald über tausend Mitglieder, denn im Grossraum Zürich arbeiten Zehntausende bei den Banken. Ziel der Vereinigung ist der Fachdialog mit Angestellten von Banken und Versicherungen, das Networking und auch das gesellschaftliche Element.

Es ist kein Zufall, dass das kaufmännische Bankpersonal Mitte der Neunzigerjahre aktiver, ja militanter wird, denn ein Abbau von Tausenden von Stellen ist, wie geschildert, im Gange und verunsichert die einstmals so selbstsichere Branche. Der Abbau erfolgt – «zur Zukunftssicherung», wie es heisst – just in einem Zeitpunkt, wo die Geldhäuser Rekordgewinne verbuchen.

Das Erdbeben im Bankensektor veranlasst den KVZ, ein Dossier über die Thematik zu erstellen, denn persönliche Erfahrungsberichte von Mitgliedern bestätigten eine schleichende Verschlechterung der Arbeitszufriedenheit. Ein Grund ist der Umbruch im Bereich der Informationstechnologie und die damit verbundene fundamentale Reorganisationen bei den Banken.
Rossella Torre verfasst die Untersuchung mit dem Titel: «Arbeit in der Bank – Technologie und Konzentration verändern den Arbeitsplatz». Der KVZ postuliert darin, den Menschen als wichtigsten strategischen Faktor zu sehen, den Mitarbeiter, die Mitarbeiterin kontinuierlich aus- und weiterzubilden und nicht aus Rentabilitätsgründen «von der Verschlankung in die Magersucht» abzudriften.

Die KVZ-Gruppe «Wir von der Bank» betätigt sich als Seismograf der Branche. Veranstaltungen über Veränderungen im Bankberuf, Geldwäscherei oder die Bankenaufsicht fesseln in der zweiten Hälfte der Neunzigerjahre ein breites Publikum, weit über den KVZ hinaus.

Doch es geht nicht immer um Probleme, auch geselliges Leben nach der Arbeit sowie Erholungs- und Bildungsreisen kommen nicht zu kurz. «Kommen Sie mit nach New York!», lockt ein Angebot für eine Fünf-Tage-Reise für 2400 Franken der KVZ-Gruppe «Wir von der Bank» mit Besuch des New York Stock Exchange und einer Gospel-Messe in Harlem inklusive. Geflogen wird selbstverständlich mit der Swissair, die eine eigene starke Berufsgruppe im Schweizerischen Kaufmännischen Verband unterhält.

«Kaufleuten»: «Mietermix wie am Rio Grande»

Mitten in die Sauregurkenzeit des Hochsommers platzt ein Bericht der «Weltwoche», der ein etwas anderes Bild vom Verbandshaus Kaufleuten – dem Aushängeschild des KVZ – zeichnet als die Dokumente aus dem Archiv und die Selbstdarstellung *(18. Juli 1996)*. «Das Essen ist nicht schlecht und etwas teuer», mäkelt das Weltblatt, «dafür bedienen schöne Leute die ebenso schönen Damen und Herren der Geschäftswelt und lassen deren Selbstbewusstsein schwellen.»

Event im Festsaal des «Kaufleuten».

Der Pächter des Parterres, Fredi Müller, hat im Lokalsender Tele-Züri freimütig gestanden, zusammen mit den «beautyful people» hätten auch Drogendealer in den Lokalitäten Einzug gehalten, worauf der Gerant Kontakt mit der Betäubungsmittelwache der Stadtpolizei Zürich aufnahm, wie Autor Wolfgang Hafner schreibt, ein Insider, der als freier Mitarbeiter früher für den Kaufmännischen Verband Zürich tätig war.

Fredi Müller, der Spiritus Rector des neuen «Kaufleuten»-Angebots im Parterre des Verbandshauses.

Der «Weltwoche»-Bericht rechnet der Arbeitnehmerorganisation KVZ vor, Gewinnmaximierung zu betreiben und die Pachteinnahmen für Restaurant-, Veranstaltungs- und Barbetrieb innert weniger Jahre auf 800 000 Franken verdoppelt zu haben. Schlimmer noch: Potentester Mieter des Verbandshauses ist die Schweizerische Bankgesellschaft (SBG) mit Revisions- und Personalabteilungen in den oberen Etagen. «Dafür überweist die SBG jährlich rund zwei Millionen an den KVZ – etwa gleich viel wie der

Full house im Kaufleutensaal, mit Konzertbestuhlung …

Verband an Mitgliederbeiträgen einkassiert.» Insgesamt weise die Liegenschaft Kaufleuten damit einen Mietermix auf, wie eher am Rio Grande und weniger an der Limmat vermutet, giftelt die «Weltwoche». Diskutabel sei, mutmasst der Autor, ob es Aufgabe eines Verbandes sei, einzig den Gewinn zu maximieren, sich als Vermieter in die Abhängigkeit des mächtigsten Sozialpartners der Branche zu begeben und zugleich einen «In-Spunten» zu führen.

Fakt ist: KVZ-Geschäftsleiter Vonlanthen, der keine Gelegenheit auslässt, im Verbandsblatt Gewinnmaximierung und Abzockertum zu geisseln, nutzt das Haus im Herzen der City für den Verband als hervorragende Einnahmequelle und gibt auch Verbandsgelder für üppige Anlässe aus. Der KVZ lässt sich auch gegenüber «seiner Schule», der KV Zürich Business School, nicht lumpen. Für die Verabschiedung der aus Frankreich stammenden Rektorin Grundbildung, Juliette France, lassen Vonlanthen und seine

... und mit Buffet.

Crew am 28. Januar 2008 im Kaufleutensaal für rund hundert geladene Gäste aus Politik, Wirtschaft, Kantonsverwaltung und Kultur ein Fest der Superlative steigen – finanziert aus der Verbandsschatulle. Champagner «Taittinger Brut» wird zum Apéro kredenzt, nach dem festlichen Dinner spielt das Symphonie-Orchester Wallisellen klassische Musik für die scheidende Rektorin – als Finale die «Marseillaise». Die so Geehrte schreibt an Peter Vonlanthen: «Alle Worte genügen nicht, um meine Emotionen und meine tiefe Dankbarkeit für den Anlass und die damit bezeugte Wertschätzung auszudrücken.»

Die fetten Einnahmen aus dem Verbandshaus machen den KVZ bei Weitem zum finanziell stärksten kaufmännischen Verband des Landes und zum grössten Geldgeber des Kaufmänniscehn Verbandes Schweiz. Und das erzeugt auch Neid.

falls sie
ausnahmsweise mal
nicht um 18^{00} "z'nacht"
essen und zufälliger-
weise nicht um 22^{00}
in's bett gehen gibt's
bei uns
so/mo/di/mi/do
bis 01^{00}h
fr/sa
bis 03^{00}h
etwas zu beissen
Restaurant Kaufleuten
Pelikanstr. 18
8001 Zürich

Attraktives und vielseitiges Kursangebot zur Weiterbildung

Der KVZ als traditionsreiche Arbeitnehmerorganisation brilliert fast seit der Gründung mit einem vielfältigen und immer wieder originellen Kursangebot.

1989 zum Beispiel veranstaltet der Verband eine «Reiztagung», die sich mit der Reizüberflutung der modernen Gesellschaft auseinandersetzt, in Zusammenarbeit mit der Arbeitsgemeinschaft Schweizer Grafiker ASG und dem Schweizer Musikerverband SMV. Sinnigerweise geht der Anlass im «New Blackout», einer Disco am Zürcher Flughafen, über die Bühne. Die Veranstaltung kreist die Thematik in Referaten und Diskussionen ein und geht der Frage nach, wie viele Reize und Anreize der Mensch noch reizvoll findet und wann ein Übermass in Gereiztheit umschlägt.

«Der funktionale Analphabetismus ist im Vormarsch. Wir Werber und Grafiker haben manchmal den Eindruck, dass sich beim Konsumenten oft nur noch mit Allotria, Tamtam, Dramatik und Inszenierung eine leise Reaktion hervorrufen lässt», kommentiert Hans Woodtli, Präsident des ASG, an der Veranstaltung, «wir sind zu Schockern geworden und schocken mit Vergnügen.» Ein Teilnehmer zitiert Robert Koch, den Entdecker des Tuberkulose-Erregers, der im Jahr 1900 sagte: «Eines Tages wird der Mensch den Lärm ebenso unerbittlich bekämpfen müssen wie die Cholera und die Pest.»

Populäre Informatikkurse und andere Lehrgänge

Renner sind in den Neunzigerjahren Internet- und Informatikkurse, die wegen grosser Nachfrage oft mehrfach geführt werden müssen; ja auch für den Aufbau einer eigenen Homepage wird ein Lehrgang angeboten. Ein Symposium, veranstaltet vom Kaufmännischen Verband Zürich, der «Neuen Zürcher Zeitung» und dem Verband Zürcher Handelsfirmen im Juni 1996 im Hotel Nova Park spannt den Bogen in Fachreferaten und Podiumsdiskussionen von Themen wie «Surfen durchs Internet» bis zu «Internet – ein Treffpunkt für Exhibitionisten?».

40 Millionen Menschen haben jetzt Zugang zum globalen Datennetz. Dennoch heisst es im Vorwort zum Symposium: «Das Internet ist vor allem zu einem geworden: zu einer riesigen Spekulation. Zwar sollen und können Unternehmungen vom Potenzial dieses neuen Mediums profitieren, vor zu grossen Erwartungen aber wird gewarnt. Die Bedeutung dieses neuen Marktplatzes ist noch ungewiss, die Entwicklung noch nicht absehbar.» Niemand kann sich damals vorstellen, dass die Zahl der Nutzer im Jahr 2010 die Milliardengrenze überschreiten wird. Dicke Ordner im KVZ-Archiv umfassen die vielen Kurse in der zweiten Hälfte der Neunzigerjahre, die von «Führen heisst Brücken bauen» über «Mehr Zeit – weniger Stress» und «Qualitätsmanagement» bis zum Feriensemin ar «Erkenne Dich selbst» und «Erkenne Dich selbst im andern» im Unterengadiner Dorf Guarda reichen.

Kurse in Pränataler Therapie und Astrologie

Jahr für Jahr komponieren die Verantwortlichen ein neues, überraschendes Bouquet anregender Kurse und Anlässe und erhöhen damit die Strahlkraft des KVZ. Angesichts des Feuerwerks verschiedenster Lehrgänge fragt man sich zuweilen: Ist das die Aufgabe eines Kaufmännischen Verbandes?

Da gibt es Kurse mit dem Titel «Metamorphose», wo die Teilnehmenden in die Geheimnisse der Fussmassage eingeweiht werden und am achten Kursabend als Krönung die «Fussmassage auf der Aura-Ebene» praktizieren.

Autogenes Training, Akupressur und Grafologiekurse stehen ebenso auf dem Programm wie Lehrgänge über die Astrologie, «die Mutter aller Wissenschaften», wie es im Programm heisst. Das Gelernte kann anhand des Planetenstandes bei der Geburt mithilfe des «modernsten Astrologiecomputers Europas» für den einzelnen Teilnehmer berechnet und dargestellt werden. Auch Yoga und Traumdeutung fehlen im KVZ-Kursangebot der Neunzigerjahre nicht. Der finanziell selbsttragende Veranstaltungsreigen dient der Mitgliederbindung und ist wohl auch ein Ausdruck der Zeit.

kvzürich 150 Jahre
Ihr Verband für Bildung und Beruf

HOME MITGLIED WERDEN WARENKORB NEWSLETTER KONTAKT >>

Dienstleistungen | Aus- & Weiterbildung | Beruf | Publikationen | Agenda | Über uns | 150 Jahre KV Zürich

AGENDA > VERANSTALTUNGEN

Veranstaltungen

KVZ Seminare

Schulferien und Feiertage

VERANSTALTUNGEN

Diese Veranstaltungen sind öffentlich. Wir freuen uns, wenn Sie daran teilnehmen.

Datum:	Zeit:	Titel	Gruppe / Netzwerke	Anmeldung
10.01.2011	18:30 - 20:00	Züri Littéraire: Lesung von Kaspar Schnetzler	150 Jahre KV Zürich	Jetzt anmelden
12.01.2011	17:30 - 20:30	Afterwork für junge Kaufleute	Wir junge Kaufleute	Jetzt anmelden
17.01.2011	09:00 - 16:35	2. Tag des Rechnungswesens	KV Zürich	
01.02.2011	09:00 - 17:00	Jubiläumsanlass – Die Zukunft der Arbeit	150 Jahre KV Zürich	Jetzt anmelden
02.02.2011	18:00 - 20:30	Afterwork für junge Kaufleute	Wir junge Kaufleute	Jetzt anmelden
14.02.2011	19:00 - 20:30	Coop – eine nachhaltige Unternehmensentwicklung	KV Zürich	Jetzt anmelden
01.03.2011	18:30 - 21:00	Japan Knigge	KV Zürich	Jetzt anmelden
02.03.2011	18:00 - 20:30	Afterwork für junge Kaufleute	Wir junge Kaufleute	Jetzt anmelden
14.03.2011	18:30 - 20:30	Podiumsdiskussion Regierungsratswahlen	150 Jahre KV Zürich	Jetzt anmelden
28.03.2011	18:00 - 20:30	Generalversammlung KV Zürich	150 Jahre KV Zürich	Jetzt anmelden
23.05.2011	18:30 - 20:30	Politische Reflexionen	150 Jahre KV Zürich	Jetzt anmelden
09.06.2011	18:30 - 21:30	Business Knigge	KV Zürich	Jetzt anmelden
20.06.2011	18:30 - 21:00	Die KV-Lehre – der Weg zum Erfolg	150 Jahre KV Zürich	Jetzt anmelden
03.09.2011	09:00 - 18:00	Tag der offenen Türe an der KV Zürich Business School	150 Jahre KV Zürich	Jetzt anmelden
05.09.2011	18:30 - 20:30	Podiumsdiskussion: Haben Verbände noch Zukunft?	150 Jahre KV Zürich	Jetzt anmelden
10.11.2011	18:30 - 21:30	Business Knigge	KV Zürich	Jetzt anmelden
13.11.2011	19:00 - 21:00	Jubiläumskonzert des KVZ Orchester	150 Jahre KV Zürich	Jetzt anmelden
28.11.2011	18:30 - 20:30	Werte in der Arbeitswelt	150 Jahre KV Zürich	Jetzt anmelden

Ergebnisse 1 bis 18 von 18

Seite 1

PELIKANSTRASSE 18 / CH-8001 ZÜRICH / TELEFON 044 211 33 22 / FAX 044 221 09 13 / info(at)kvz.ch

Reichhaltiges Angebot: Ausriss aus dem KVZ-Veranstaltungskalender 2011.

Das Angebot geht weit über den kaufmännischen Bereich hinaus, umfasst auch Gesundheit und Kreativitätstraining.

Ein Höhepunkt des Jahresprogramms ist die Veteranenfeier, wo der Kaufleutensaal von Erinnerungen und kaufmännischer Erfahrung überquillt, denn kein Mitgliedersegment hat eine so starke Bindung an den Verband wie die Senioren. Die monatlich stattfindenden Clubnachmittage mit einem Vortrag meist kulturellen Inhalts, wie zum Beispiel «Das Leben des Komponisten Paul Burkhard», werden im Schnitt von rund hundert KV-Veteraninnen und -Veteranen besucht, Tagesausflüge und die Generalversammlung im Kaufleuten runden das Jahresprogramm ab.

Einige Kurse werden von Mitarbeitenden des Verbands gegeben, andere durch auswärtige Spezialistinnen und Spezialisten. Der dipl. Psychologe Peter Meier führt Männer durch ein Wochenende und will die Frage beantworten: «Ein Mann sein heisst ... Ja, was heisst das eigentlich?» Im Gespräch mit dem Psychologen und den Gruppenteilnehmern werden Rollenbild und Selbstbild diskutiert.

Besseres Präsentieren und Garderobeberatung

Maja Zwahlen, Assistentin des Geschäftsleiters, organisiert einen Teil der Kurse über «Besseres Präsentieren und sicheres Auftreten mit Farb- und Garderobeberatung, erteilt von Couturièren und Stylberaterinnen». Diavorträge über ferne Länder oder die Besichtigung des Paraplegiker-Zentrums in Nottwil, der Glasi Hergiswil oder des Zürcher «Tages-Anzeigers» stehen ebenfalls auf dem Programm.

Besichtigungen von Produktionsbetrieben überall im Land – oft am Knabenschiessen-Montag organisiert – sind beliebt, und ein kleiner Imbiss bietet Gelegenheit für zwanglose Gespräche. Der Kaufmännische Verband mutiert in den Neunzigerjahren phasenweise zum Rundumveranstalter.

Qi-Gong, Chinesische Atem- und Energie-Meditation fehlen im KVZ-Kursangebot ebenso wenig wie ein Physiognomie-Kurs, eine Einführung ins Tarot-Kartenlegen oder «Sehverbesserung und Seherhaltung» am Bildschirm. Wem das zu prosaisch ist, der bucht als Verbandsmitglied für 70 Franken (Nichtmitglieder 90 Franken) «Tam-Tam», einen Kurs in der Turnhalle des KVZ-Schulhauses mit Prosper N'Kuri, einem schwarzen Afro-Trommler. Dieses bunte und teilweise schräge Segment des Kursprogramms ebbt mit der Jahrtausendwende ab, und der KVZ besinnt sich im Weiterbildungsangebot wieder mehr auf sein Kerngeschäft.

Ökologisches Verhalten am Arbeitsplatz

Das in den Achtzigerjahren gegründete KVZ-Ökoforum «Umwelt und Betrieb» schärft mit Vorträgen, Diskussionsgruppen und Berichten in der Verbandszeitung sowie büroökologischen Beratungen das Bewusstsein für ökologisches Verhalten am Arbeitsplatz und zu Hause.

Der Verband beweist früher als andere Arbeitnehmerorganisationen sein ökologisches Gewissen, indem er sich mit in Vorträgen und Berichten der «Abfall-Lawine», dem Potenzial des Recyclings, dem Thema «Umweltschutz und Versicherung» oder der Büroökologie widmet.

Der KVZ richtet sich strategisch neu aus

Der Vorstand des KVZ richtet sich 1997 strategisch neu aus, ein Prozess, der die Stossrichtung in den nächsten Jahren bestimmen wird. Ursache ist die trotz vielen Verbandsinitiativen stagnierende oder gar rückläufige Mitgliederzahl, die sich bei rund 15 000 einpendelt – ein eigentlich paradoxer Tatbestand, denn gerade in Zeiten der Krise sind starke Verbände wichtig.

Man müsse sich fragen, was da falsch laufe, heisst es im Verbandsblatt. «Wir wollen nicht den Fehler machen, die Zukunft zu verschlafen, und uns schon heute auf die Bedürfnisse von morgen ausrichten, vorausgesetzt, unsere Basis will dies auch.» In der in Auftrag gegebenen Verbandsanalyse stellt man fest, dass die Mitglieder den KVZ nicht so wahrnehmen, wie es die Verantwortlichen gerne hätten. Georg Senn, Vorstand der Gruppe Swissair des KVZ und von 1992 bis 1997 Präsident des Kaufmännischen Verbandes Zürich: «Das heisst konkret, viele Mitglieder spüren gar nicht, dass wir ihre Interessen vertreten.» Ein klarer, verbindlicher Leistungsauftrag für den Verband soll der Malaise abhelfen, worauf der KVZ aufgrund einer Marktanalyse einen Businessplan entwickelt.

Als Resultat wird eine neue, unternehmerische Führungsebene etabliert. Der Vorstand wird verkleinert und dynamisiert, indem man die Verantwortung für die Ressorts klarer definiert. «An der letzten Mitgliederversammlung wurde erstmals in der 136-jährigen Geschichte des KV Zürich eine junge Frau, Pamela Graves, als Präsidentin gewählt», schreibt Geschäftsleiter Peter Vonlanthen an die KVZ-Mitglieder und führt weitere Errungenschaften des Jahres wie die Gründung der Branchengruppe Öffentlicher Dienst an, «High-lights, auf die wir stolz sind».

Zürcher Staatslöwe: Kantonale Verwaltung am Walcheplatz.

Kaufmännische Mitarbeiter im öffentlichen Dienst

1998

«Wir vom Service Public» ist eine besonders aktive Untergruppe des KVZ, der sich rasch gegen 900 Mitglieder anschliessen. Die Krise der Neunzigerjahre betrifft auch die Angestellten im öffentlichen Dienst, denn es drohen Lohnabbau und Entlassungen. Im März 1997 spricht Willy Küng, Stadtrat und Finanzvorstand von Zürich, auf Einladung der KVZ-Untergruppe im Kaufleutensaal zum Thema «Weiterer Lohnabbau im öffentlichen Dienst?». Grosse Hoffnungen auf Lohnerhöhungen kann der städtische Finanzchef angesichts der darbenden öffentlichen Finanzen nicht machen.

Ein ehemaliger Chefbeamter schlägt in der Verbandszeitung unter dem Titel «Die Notwendigkeit der Meinungsäusserung» Alarm – anonym *(WK 2/87)*. Gerade die KV-Mitglieder in der öffentlichen Verwaltung hätten, bei aller Unterschiedlichkeit der Aufgabenbereiche, eine Reihe gemeinsamer Interessen. «Es besteht dringlichster Mitsprache- und Handlungsbedarf, dem aber nur durch die Gewährleistung realistischer Mitwirkung in paritätisch zusammengesetzten Projektgruppen entsprochen werden kann. (...) Es ist von grosser Bedeutung, dass sich möglichst viele KV-Leute auch aus dem öffentlichen Dienst an einem breit gefächerten Denkprozess über die allgemeine und individuelle Entwicklung beteiligen.»

Susanne Erdös-Schärer ist im KVZ neben der Gruppe «Wir vom Verkauf» auch für die Gruppe vom öffentlichen Dienst zuständig. Die Mutter zweier Kinder hat beim Verband ein 50-Prozent-Pensum und setzt sich mit Feuer für die Anliegen der Mitglieder ein. Da der Regierungsrat des Kantons Zürich in «ungebremster Sparwut jede dritte Stelle streichen» wolle, müsse der KVZ erst recht kämpfen, sagt sie im Verbandsblatt und fordert, dass die öffentliche Hand neue Arbeitszeitmodelle prüfen und statt abzubauen Arbeitsplätze schaffen müsse. Doch die Realität ist, dass in der Verwaltung die Angst vor Lohnabbau und Kündigung umgeht.

Endlich Ende der Krise

Langsam hellt sich gegen Schluss des Jahrzehnts der Zürcher Arbeitsmarkt für alle kaufmännischen Berufsgruppen auf. Ende 1998 diagnostiziert Marcello Campo mit langjähriger Berufspraxis in der Personalvermittlung des Bankensektors in der Verbandszeitung einen «Silberstreifen am Stellenhorizont» *(WK 9/98, S. 19)*, weil der Konjunkturmotor wieder anspringt. Doch die Stichworte «Rationalisierung, Deregulierung und Zukunftsängste» büssen kaum an Brisanz ein.

Wie ein roter Faden zieht sich das Thema Arbeitslosigkeit und Hilfe für die Betroffenen durch die Ausgaben von «Wir Kaufleute», denn Geschäftsleiter Vonlanthen macht dieses Engagement zu einem der Kernanliegen des Verbandes, wobei immer auch die klassenkämpferische Sicht durchschimmert, mit den Managern als Täter und den Arbeitenden als Opfer.

Berufsbildung im Umbruch

Die Berufsbildung ist im Umbruch. Die Schaffung der Sekundarschule 2 führt zu Reorganisationen der Basisausbildung. In der Kantonalen Verwaltung Zürich wird die Berufsbildung vom Volkswirtschaftsdepartement ins Bildungsdepartement überführt, was einem landesweiten Trend entspricht.

Frischer Wind für den KVZ

Vera Class-Bachmann treffen wir zum Gespräch in ihrer Beratungsfirma Heartwork GmbH an der Zürcher Weinbergstrasse. Wie Peter Vonlanthen ist sie in Oberengstringen aufgewachsen, arbeitete bei einer grossen Zürcher Werbeagentur und engagierte sich als junge Frau in der Kommunalpolitik. Vonlanthen lädt die knapp Zwanzigjährige 1996 ins Restaurant Kaufleuten ein, er benötige jemanden für die Jugendarbeit und das Marketing im KVZ.

Moderner Empfang im historischen KVZ-Verbandshaus.

«Das war ein schicksalhaftes Mittagessen», erinnert sie sich, denn schon am nächsten Tag liegt der Vertrag im Briefkasten. «Meine Bekannten fragten, ob ich von allen guten Geistern verlassen sei», lacht sie im Rückblick, «dreisprachig, am Beginn einer steilen Karriere in der Werbung zu einem verstaubten Verband überzuwechseln!»

Der erste Arbeitstag ist für Vera Bachmann, so ihr Mädchenname, ein sehr spezielles Ereignis, muss die junge Frau doch mit Verbandsmitgliedern nach Bern fahren, um dort Unterschriften für eine AHV-Initiative zu sammeln, Dabei war sie für das Jugendmarketing angestellt worden …

Auch das Interieur des Verbandshauses schreckt sie ab: Im ersten Stock steht ein grosser Holztisch wie aus dem Brockenhaus, wo die Sitzungen stattfinden; an den Wänden hängen vergilbte Fotos von Generalversammlungen aus der Gründerzeit. Der Empfangsbereich wirkt veraltet auf die dynamische Frau aus der schillernden Werbebranche, KVZ-Mitglieder, die Rat suchen oder Unterlagen holen wollen, müssen läuten und werden einzeln eingelassen.

Vera Bachmann, die in einem gestylten Office mit neustem Macintosh-Computer gearbeitet hatte, verschlägt es im riesigen Gebäude in ein abgelegenes Büro mit einem uralten Drucker. Die Verwaltungsetage im Verbandshaus kontrastiert drastisch zum trendigen Interieur im Parterre mit herausgeputztem Restaurant, überfüllten Bars und bunten Veranstaltungen in den stilsicher aufgefrischten Sälen.

Vera Class-Bachmann, initiative Marketingleiterin des KVZ.

Eine Job-Beschreibung für ihre Position gibt es nicht, nur die Verpflichtung, jedes Jahr ein paar hundert neue Mitglieder zu werben. Vera Bachmann nimmt ihre Aufgabe sehr ernst, wie sie sagt, spricht in der KV Zürich Business School an der Limmatstrasse mit Lernenden und Lehrkräften, um die Anliegen der Zielgruppe besser kennenzulernen, und es gelingt ihr, die Zahl der Mitglieder von Jahr zu Jahr zu erhöhen.

Da die Lehrabgängerinnen und Lehrabgänger andere Bedürfnisse als die Lernenden haben, gründet sie die Gruppe «Wir junge Kaufleute»; für die frischgebackenen Kaufleute erscheint neu das Magazin «Pipeline».

Sie richtet zudem in der KVZ-Verwaltung eine Lehrstelle ein, denn der Verband soll in der Ausbildung mit gutem Beispiel vorangehen. Bachmann organisiert Informationsveranstaltungen und realisiert in Zusammenarbeit mit dem Arbeitgeberverband und mit Behörden eine Wegleitung für Firmen und die öffentliche Verwaltung zur Schaffung neuer Lehrstellen. Die energiegeladene junge Frau verbindet professionelle Verbandsarbeit mit Berufspolitik und übernimmt mit 24 Jahren das gesamte Marketing des Kaufmännischen Verbandes Zürich. «Peter Vonlanthen liess mich frei arbeiten, er hat bei aller Konsequenz in der Verbandspolitik jedoch auch eine unkalkulierbare Seite», erinnert sie sich. Zuweilen kommt es auch zu einem harten Schlagabtausch mit dem gewieften Taktiker. «Damit musste man umgehen können», hält sie fest, «andernfalls war man im KVZ am falschen Ort.»

Transparenz, USM-Mobiliar und Blumen

Eine auf Initiative der neuen Marketingleiterin errichtete Trennfläche aus Glas ersetzt jetzt die abweisende graue Wand am Eingang, was Transparenz und Offenheit signalisiert; modernes USM-Mobiliar statt der alten Kontore und Blumenbouquets verbreiten jetzt Modernität und Frische. Zielbewusst betreibt Bachmann Mitgliederwerbung, wirbt mit den Vergünstigungen, die der Verband bietet, doch sie muss auch erfahren, wie schwierig es ist, junge Menschen für einen Verband zu mobilisieren, dessen Leistungen mit einem Jahresbeitrag von 175 Franken abgegolten werden müssen.

Vera Bachmann erreicht viel, kann ihr Wissen auch bei der Ausarbeitung der Neuen Kaufmännischen Grundausbildung (NKG) einbringen und gründet zusammen mit anderen Interessenvertretern eine Gruppe von 120 Berufsausbildnern im Kanton Zürich.

Die junge Marketingleiterin engagiert sich in der Kreation des Erscheinungsbildes, der Corporate Identity des Verbandes und bringt es in Zusammenarbeit mit dem nationalen Verband KV Schweiz zustande, dass 44 von 46 Schweizer Sektionen den gleichen optischen Auftritt übernehmen.

Sie bildet sich anschliessend während drei Jahren berufsbegleitend zur eidgenössisch diplomierten Kommunikationsleiterin weiter.

«Der Kaufmännische Verband ist mein Leben», sagt sie im Rückblick, «auch meinen Mann habe ich da gefunden.» Verena Bachmann liiert sich mit Edi Class, dem ehemaligen Geschäftsleiter des SKV, und heiratet ihn.

kvzürich
Ihr Verband für Bildung und Beruf

Aus dem Leitbild des KVZ

Grundsätzliches
Der KVZ vertritt die Interessen aller Arbeitnehmerinnen und Arbeitnehmer in organisierter Form und trägt damit zum gesellschaftlichen und sozialen Wandel bei. Er strebt eine auf Gleichberechtigung und Solidarität beruhende Gesellschaft an, in welcher der Mensch im Zentrum steht und mit der natürlichen Umwelt in Harmonie lebt.

Politik
Der KVZ ist keiner politischen Partei verpflichtet. Er versteht sich als eigenständige Kraft. Zur Realisierung seiner Ziele nutzt er alle dafür geeigneten politischen Instrumente und Einflussmöglichkeiten, insbesondere auch die Öffentlichkeitsarbeit.

Bildung
In der Berufs- und Erwachsenenbildung nimmt der KVZ eine führende Rolle ein. Die eigenen Aus- und Weiterbildungsangebote passt er vorausschauend neuen Herausforderungen und Ansprüchen an.
In der Bildungspolitik macht er sich neben den fachlichen Belangen auch für die Persönlichkeitsentwicklung der Arbeitnehmer stark.

Dienstleistungen
Die Leistungen, die der KVZ anbietet, dienen primär der Sicherung und Verbesserung der wirtschaftlichen, sozialen und rechtlichen Lage seiner Mitglieder. Die ergänzenden Freizeitangebote sind zur Förderung des Zusammenhaltes untereinander gedacht.

Mission und Vision des KVZ
Unsere Mission ist die Interessenwahrung unserer Mitglieder und die Förderung von menschen- und umweltfreundlichen Arbeits- und Lebensbedingungen.
Unsere Vision ist eine Arbeitswelt, in der Chancengleichheit, Erfolgsbeteiligung, Mitbestimmung und Schaffensfreude für alle Mitarbeiterinnen und Mitarbeiter selbstverständlich sind.

Was tun mit 30 Jahren EDV-Erfahrung?

1999 Ein Affenmensch, der einen Knochen zum Gebrauch als Waffe entdeckt hat, wirft diesen in die Luft. Der Knochen verwandelt sich in ein Raumschiff, ausgerüstet mit HAL, dem sprechenden Computer. Stanley Kubrick beginnt seinen 1968 gedrehten, visionären Filmklassiker «2001: A Space Odyssey» mit dieser symbolischen Szene. An die berühmte Sequenz erinnert sich Hermann Singeisen, 57, der nach einer kaufmännischen Grundausbildung 1968 ins Programmier-Metier einstieg und jetzt in einem Bericht in der Verbandszeitung *(WK 1/1999)* auf eine dreissigjährige EDV-Praxis zurückblickt. Er beschreibt die technische Revolution in seinem beruflichen Umfeld folgendermassen:

Erinnerungen an Stanley Kubricks Filmklassiker «2001».

«Was der geniale Regisseur Kubrick voraussah, ist heute nahezu Wirklichkeit geworden. Es begann mit Tabelliermaschinen und Lochkarten und führte uns in die Internet-Epoche. Wenn ich die 30 Jahre Revue passieren lasse, dann stelle ich fest, dass sich die EDV-Entwicklung mit einer immer schneller drehenden Spirale vergleichen lässt. Was vor einem Jahr der letzte Schrei war, ist heute schon Schnee von gestern. Diesen Trend erlebe ich mit unzähligen ‹EDV-Oldies› nun schon seit Jahrzehnten.»

Doch Erfahrung zählt immer weniger in dieser sich rasend wandelnden Branche. Hermann Singeisen schlägt darum vor, alte EDV-Fachleute Teilzeit arbeiten zu lassen, statt sie in einer Berufswelt kaltzustellen, wo die Jungen fast automatisch einen Vorsprung haben, da diese unbeschwert von Altlasten in die neusten Technologien einsteigen. Es spricht für das KVZ-Vereinsblatt, dass es dieser Initiative eines Mitgliedes breiten Raum gewährt und sogar die Adresse seiner Website publiziert.

Verkäuferinnen im Clinch

2000 «Arbeiten Sie gerne bis 23 Uhr?», steht in dicken Lettern auf dem Titelblatt von «wir kaufleute», neuerdings kleingeschrieben *(WK 8/2000)*. Der KVZ fordert in flammenden Artikeln ein «Nein zu masslosen Öffnungszeiten», über welche am 24. September 2000 mit dem Kantonalen Ruhetags- und Ladenöffnungsgesetz abgestimmt wird.

Im Editorial unterstreicht Geschäftsführer Vonlanthen die Position des KVZ: «So geht es nicht, der Schutz der betroffenen Verkäuferinnen ist uns als Arbeitnehmerverband zu wichtig. Ohne diesen Schutz können wir diesem Rambogesetz nicht zustimmen.» Die Verbandszeitschrift fasst den Leidensweg des Verkaufspersonals in einer grossen Titelgeschichte «50 Jahre Knatsch um die Ladenöffnungszeiten» zusammen. Wie Autorin Brigitte Schmid im Dossier des Sozialarchivs recherchierte, geht ein erster Vorstoss eines Zürcher Kantonsrates auf das Jahr 1943 zurück, wo der Parlamentarier gegen die Ladenöffnung an einzelnen Dezembersonntagen kämpfte. Während die Öffnungszeiten in den Fünfzigerjahren noch stabil sind, experimentiert man in den Sechzigerjahren mit dem Segen des Zürcher Regierungsrates mit verlängerten Öffnungszeiten in der Vorweihnachtszeit und mit der Einführung des Abendverkaufes bis 21 Uhr am Donnerstagabend. In den Siebzigerjahren bleibt es rund um die Ladenöffnungszeit eher ruhig, weil man in der Wirtschaftskrise nach dem Erdölschock andere Probleme hat.

Verkäuferin:
Arbeiten bis 21 Uhr?

Die Debatte – die immer wieder als «Glaubenskrieg» bezeichnet wird – erhält mit den verlängerten Ladenöffnungszeiten im neuen Bahnhof Zürich Stadelhofen in den Achtzigerjahren und Anfang der Neunzigerjahre neuen Schub; denn die SBB wollen auf ihrem Territorium Ladenöffnungszeiten wie am Flughafen einführen. Der KVZ wehrt sich dagegen und engagiert sich gemeinsam mit dem VHTL für das Verkaufspersonal.

Weitere Liberalisierung der Ladenöffnungszeiten

Anders der Gewerbeverband der Stadt Zürich, der 1989 eine Liberalisierung der Ladenöffnungszeiten anvisiert, dem sich weitere Organisationen anschliessen. Der KVZ ist nicht grundsätzlich gegen eine Aufweichung, beharrt aber darauf, dass die «Gefahren für die betroffenen Personen» berücksichtigt werden. Im April 1991 ist die Vereinbarung zwischen der Mietervereinigung Bahnhof Stadelhofen und dem KVZ unterschriftsreif. Der Öffnung der Lebensmittelläden am Sonntag wird zugestimmt. Die wöchentliche Arbeitszeit wird auf höchstens 42 Stunden begrenzt, nur wer will, muss am Sonntag arbeiten. Die Vereinbarung enthält auch Pausen- und Ferienregelungen. Läden «der allgemeinen Konsumwelt» – von Bekleidung bis zu Waschmaschinen – dürfen im Bahnhof Stadelhofen am Sonntag nicht verkaufen.

Ende 1992 entscheidet das Eidgenössische Verkehrs- und Energiedepartement, dass die 63 Läden im Zürcher Hauptbahnhof täglich inklusive Sonn- und Feiertage von 8 bis 20 Uhr geöffnet sein dürfen, am Donnerstag bis 21 Uhr. Eine Bastion ist gefallen, KVZ, VHTL und Stadt Zürich reichen Beschwerde ein. Eine Geschichte ohne Ende nimmt ihren Fortgang.

1993 kocht das Thema vor der städtischen Volksabstimmung über verlängerte Ladenöffnungszeiten, die am 26. September ansteht, wieder hoch. Die Parole des KVZ: «Offen bis 20 Uhr NEIN». Der Kampf der Arbeitnehmerverbände geht auch an anderen Fronten weiter, denn die Arbeitgeber, namentlich die Warenhäuser und die Modegeschäfte, lehnen den GAV-Vorschlag der Arbeitnehmerverbände Mitte 1993 ab. Die Gewerkschaften und der KVZ kontern, wenn die Arbeitgeber dem Personal nicht entgegenkämen, lehne man längere Ladenöffnungszeiten ohne klare vertragliche Regelungen und Verbesserungen ab.

KVZ gegen längere Öffnungszeiten

Auf einem Flugblatt, das auch Verkäuferinnen in 40 000-facher Auflage verteilen, zerzaust der Kaufmännische Verband die Argumente der Befürworter. Noch nie habe man so viel Zeit zum Einkaufen gehabt, argumentiert der Verband. Dass ein vermehrtes Teilzeitangebot für Verkäuferinnen eine Chance für Frauen darstelle, wie die Befürworter argumentieren, bestreitet der Verband; denn heute schon sind 60 Prozent des Verkaufspersonals Frauen. Beruf und Familie würden durch verlängerte Öffnungszeiten noch unvereinbarer.

«Konsum und Einkaufen heisst nicht mehr Leben», steht mit einem klassenkämpferischen Unterton auf dem Flugblatt. Das Stimmvolk folgt dieser Argumentation und schmettert die Vorlage ab – eine Verschnaufpause für das Verkaufspersonal. Mehr nicht, weil die Befürworter nicht lockerlassen. «Arbeiten bis 23 Uhr» wird im Verkauf Realität, denn das Zürcher Stimmvolk nimmt am 24. September 2000 in einem zweiten Anlauf das Ladenschlussgesetz mit 56 Prozent Ja-Stimmen an.

Der KVZ als wichtiger Vertragspartner für die Gesamtarbeitsverträge im Zürcher Shop-Ville.

Zähneknirschend akzeptiert der KVZ das Verdikt. «Es herrscht ein eiskalter neoliberaler Zeitgeist», kommentiert Geschäftsführer Vonlanthen im Verbandsblatt das Abstimmungsresultat.

Gute Standards im Shop-Ville im Zürcher Hauptbahnhof

Der KVZ ist auch Vertragspartner für die Gesamtarbeitsverträge im Shop-Ville im Zürcher Hauptbahnhof zusammen mit den SBB und der Stadt Zürich als Liegenschaftsbesitzer sowie der Mietervereinigung der Geschäfte. Wie Willy Rüegg, zuständig für die Berufspolitik beim KVZ, erklärt, können in zähen Verhandlungen ein Mindestlohn im gesamten Shop-Ville und andere Leitplanken im Bereich der Arbeitsbedingungen durchgesetzt werden. Das garantiert einen guten Standard in den Ladenpassagen am Bahnhof, denn das Shop-Ville unter dem Hauptbahnhof mit täglich über 300 000 Passanten ist eine Visitenkarte der Stadt Zürich.

Gründung der Controller Akademie

Der Kaufmännische Verband Zürich gründet im Jahr 2000 gemeinsam mit dem Verband diplomierter Experten in Rechnungslegung und Controlling «veb.ch» und mit den Inhabern des Fachausweises im Finanz- und Rechnungswesen die Controller Akademie als Aktiengesellschaft.

Die heute an der Altstetterstrasse 124 in Zürich domizilierte Controller Akademie ist eine Antwort auf die steigenden Anforderungen in den Bereichen Rechnungslegung und Controlling. Die Akademie bietet Studiengänge mit Diplomabschluss, Seminare und Veranstaltungen und ist vom Start weg sehr erfolgreich und gehört zu den wichtigsten Anbietern von erstklassigen Studiengängen im Bereich Rechnungslegung und Controlling.

Das «Kaufleuten» – ein gesellschaftlicher und kultureller Brennpunkt mit europäischem Format

Es kommt nicht oft vor, dass der KVZ in einer internationalen Business-Zeitung Schlagzeilen macht. Das «Wall Street Journal» kürt das «Kaufleuten» zu einem der zehn angesagtesten Lokale Europas. Treibende Kraft und Spiritus Rector ist seit neun Jahren Fredi Müller, der das Potenzial des Hauses geweckt und eine bunte Lawine aus Musik, Unterhaltung, kulturellen Anlässen und Show losgetreten hatte. Das Restaurant ist mittags und abends oft ausgebucht, die Bar ein beliebter Treffpunkt.

Der Kaufleutensaal, wo sich Belle Epoque mit einem Hauch von Dada mischt, wird an Wochenenden zur heissesten City-Disco, aus dem Festsaal überträgt das Schweizer Fernsehen die Satireshow «Giacobbo/Müller», hier gehen auch literarische Abende und hochkarätige Podiumsgespräche über die Bühne.

Der «Kaufleuten-Look» lebt von Stilbrüchen, die Müller gekonnt inszeniert mit Sesseln und Sofas, Kandelabern und Vasen, die er auf Antiquitätenmärkten aufstöbert, und damit den Gesellschaftsräumen ihr unverwechselbares Cachet verpasst.

Inspiration und Knochenarbeit, dazu ein funktionierendes Teamwork machen den Erfolg und die besondere Aura dieses Ortes in der Nachbarschaft der Bankpaläste aus. Der KVZ hat mit dem «Kaufleuten» ein Schaufenster, um das ihn viele beneiden. Wo andere ein Modegeschäft, einen Möbelladen oder eine Versicherungsagentur einquartiert hätten, hatte der Kaufmännische Verband Zürich unter Vonlanthens Leitung den Mut, ein Experiment zu wagen, das sich in jeder Beziehung auszahlt.

Schaufenster der grössten Sektion des Kaufmännischen Verbandes Schweiz: Boulevard beim «Kaufleuten».

2001

Partnerschaft von Mann und Frau

Um die Jahrtausendwende realisiert Irmgard Schmid-Schuler, die Gleichstellungsbeauftragte des KVZ, «eine Zeitwende» bei den Frauenfragen: «Jüngere Frauen denken und reden anders über die Gleichstellung als meine Generation, sie haben kaum noch Probleme damit.» Es gehe heute um die Partnerschaft zwischen Mann und Frau, um das Nutzen von Synergien in der Zusammenarbeit. Im Jahr 2000, im Rahmen eines Bundesprojektes, entwickelt und leitete Schmid für den KVZ eine Führungsausbildung, die sich an Frauen und Männer richtet. Schmunzelnd blickt sie zurück: «Es gelang mir jetzt, nicht bei jeder Gelegenheit zu sagen, die Frauen müssten gefördert werden ...»

Seit einigen Jahren ist sie mit ihrer Firma «is perspectiva» in Beratung und Ausbildung tätig. Die langjährige Gleichstellungsarbeit hat sie für die heutige Tätigkeit sensibilisiert, steht aber nicht mehr im Zentrum.

Der KVZ behält die Thematik im Auge und bringt einen weiteren Bericht im Verbandsblatt: In «Die Gleichstellung in der Umsetzung» wagt Rita Schmid Göldi, Zentralsekretärin Frauen und Jugend des Schweizerischen Kaufmännischen Verbandes, eine Standortbestimmung. Die Autorin räumt ein, um das Postulat der Gleichstellung durchsetzen zu können, müssten die Frauen selbst ihr Rollenverhalten und das Bewusstsein ändern. Sie müssten sich informieren, an frauenspezifischen Kursen teilnehmen und Netzwerke bilden: «Die Frauenstelle des KVZ bietet für die Bildung solcher betrieblicher informeller Gruppen gerne Starthilfe und Begleitung.»

Scharf beobachtete Call Centers

«Dauertelefonieren macht krank!» ist eine der Erkenntnisse von Karin Ammann, Leiterin der Abteilung Gleichstellung beim KVZ, die sie in ihrem Bericht über die Wachstumsbranche der Call Centers festhält, wo bereits rund 12 000 Personen arbeiten und eine massive Stellenvermehrung bevorsteht *(WK 9/00)*. Call Centers, wo überwiegend Frauen in Teilzeitarbeit beschäftigt sind, halten den KVZ auf Trab, denn der Verband setzt sich für eine «Humanisierung» dieser Arbeitsplätze ein, will aber auch objektiv informieren.

«Call Center – Arbeitsplatz der Zukunft?», ist ein aktuelles Buch in der Schriftenreihe des KVZ von Julia Gerber Rüegg betitelt. Die Kommunikationszentren, wo vor allem Teilzeit gearbeitet wird, sind längst aus der ursprünglichen Funktion von Telefonzentralen für Bestellungen von Waren herausgewachsen. Call Centers sind wichtige Schnittstellen zwischen Unternehmen und Kundschaft, wo beraten, informiert und verkauft wird. Die Mitarbeitenden sind gefangen in einem elektronischen Netz, das Zeitspanne und Inhalt der Gespräche wie auch die Dauer der WC-Absenzen sekundengenau registriert.

Call Centers vereinigen im besten Fall modernste Technologie und gutes Marketing. Doch es gibt auch schwarze Schafe. Unternehmen, die schlecht ausgebildete, wenig motivierte, überforderte und ausgebeutete Personen beschäftigen, verspielen ihre Chancen auf dem Markt, mahnt KVZ-Kadermann Willy Rüegg im Verbandsblatt.

Der Kaufmännische Verband will, dass die Teilzeitarbeit aufgewertet und sozial abgesichert wird. Die Autorin Gerber Rüegg betrachtet die Entwicklung der Call-Center-Szene zwar generell als positiv, da Studierenden und Widereinsteigerinnen die gewünschte Flexibilität in einer längerfristigen Anstellung geboten werde. Doch in manchen Betrieben seien grosse Anstrengungen nötig, die gewünschten Standards zu erreichen. Im Teilzeit-Anstellungsverhältnis böten gut geführte Unternehmen jedoch die Möglichkeit, hochqualifizierte Arbeit zu leisten: «Insofern betrachte ich die Entwicklung als sinnvoll und knüpfe konkrete Erwartungen daran», zieht die Autorin ihr Fazit.

Julia Gerber Rüegg führt später in Zusammenarbeit mit der ETH eine Studie durch und gibt basierend aus deren Auswertung eine weitere Publikation heraus, welche die Branche in einer Mischung aus Wohlwollen und Kritik beleuchtet und den Mitarbeitenden in Call Centers Tipps zum Umgang mit den Tücken des Arbeitsplatzes gibt. Sie sollen verhindern, dass Dauertelefonieren krank macht. Länger als ein paar Jahre hält kaum jemand den Stress von hundert oder mehr Telefonaten täglich aus.

«Nachtung»

Um originelle Anlässe war der KVZ kaum je verlegen. So organisiert der Verband im April 2001 mit der «Neuen Zürcher Zeitung» eine «Nachtung»: ein spät Abends beginnender Streifzug durch die Welt der Nachtarbeit, angereichert mit Vorträgen, Diskussionen und dem Besuch der NZZ-Zeitungsdruckerei in Schlieren weit nach Mitternacht. Der Schriftsteller Roger Graf und die Gastro-Architektin Pia Maria Schmid, die den Kaufleutensaal und das Restaurant renoviert hat, diskutieren über das Thema «Nachts allein, der kreative Augenblick»; Erkenntnisse der Schlafforschung und ein Referat über die innere Uhr runden die innovative Veranstaltung ab.

Die innere Uhr hänge unter anderem mit der Körpertemperatur zusammen, die in der zweiten Nachthälfte auf einen Tiefpunkt absinkt, erläutert Prof. Anna Wirz-Justice von der Psychiatrischen Universitätsklinik Basel. In dieser Zeitperiode mit einem Leistungs- und Konzentrationstief sei bei der Nachtarbeit besondere Vorsicht geboten.

Die «Nachtung» ist keineswegs ein an den Haaren herbeigezogener Anlass, denn rund 13 Prozent der Beschäftigten in der Schweiz arbeiten regelmässig nachts, wie Toni Holenweger von der Gruppe «Corso» erklärt, einem Netzwerk, das sich mit Arbeitszeitmodellen beschäftigt. Medizinische Untersuchungen, welche die Eignung für Nachtarbeit gewährleisten, sind deshalb unerlässlich und in vielen Ländern gesetzlich vorgeschrieben. Wer in der Schweiz regelmässig Nachtarbeit leistet, hat gemäss Arbeitsgesetz Anspruch auf eine ärztliche Untersuchung und auf Beratung. Rund hundert, vorwiegend im Personalbereich tätige Berufsleute nehmen an der nächtlichen Veranstaltung mit Referaten, Diskussionen, Verpflegung und Firmenbesuchen teil – ein Erlebnis, welches das vor 2500 Jahren gesprochene Wort des griechischen Philosophen Demokrit bestätigt: «Die Mitte der Nacht ist der Anfang des Tages.»

Chefwechsel im «Kaufleuten»

Fredi Müller, Gründer und Spiritus Rector des «Kaufleuten», zieht sich aus der Leitung zurück, bleibt aber finanziell beteiligt. Dem «Tages-Anzeiger» *(20. Juni 2001)* verrät er, dass der Betrieb über 20 Millionen Franken im Jahr umsetze und fügt an: «Aber da fliesst auch einiges wieder hinaus. Wir investieren pro Jahr eine halbe oder eine ganze Million in die Infrastruktur. Zum Beispiel haben wir für drei Millionen Franken eine Lounge gebaut, und demnächst müssen wir den Saalboden erneuern, und dies, obwohl die Liegenschaft nicht uns gehört. Unser Mietvertrag dauert aber noch 10 Jahre.» Da der KVZ am Umsatz beteiligt ist, erweist sich das Parterre des Verbandshauses als hervorragende Finanzquelle, die mehr abwirft als alle Beiträge der rund 15 000 Mitglieder zusammen.

Hin und Her zwischen KVZ und Kanton

2002 irritiert KVZ-Geschäftsführer Peter Vonlanthen, als er an Erziehungsdirektor Ernst Buschor mit dem Vorschlag gelangt, die kaufmännische Grundausbildung an den Kanton abzutreten. Der KVZ hätte in diesem Szenario nur noch die Weiterbildung betreut, der Kanton hätte die KV Zürich Business School übernehmen sollen. Ein überraschender Vorstoss eines Verbandes, der bisher akribisch auf seine Eigenständigkeit bedacht war und rundweg ausschloss, dass seine Business School verstaatlicht würde.

Die Verhandlungen zwischen Peter Vonlanthen und der Erziehungsdirektion, die sich über ein Jahr hinziehen, gedeihen weit, und der Kanton zeigt sich sogar bereit, auch die Sprachkurse in der Weiterbildung zu übernehmen.

Doch das Abkommen scheitert an den Preisvorstellungen des KVZ für das Schulhaus der KV Zürich Business School. Dass der KVZ die Ausbildungsstätte behält, erscheint logisch, denn der selbstbewusste Verband pochte ja immer wieder auf seine Eigentümerschaft der Schule am Escher-Wyss-Platz – obwohl schon beim Bau Bund, Kanton und Banken die Hauptlast der Kosten trugen. Der Kanton kommt für Unterhalt und Investitionen auf und verzinst auch das Eigenkapital des KVZ. Doch juristisch gesehen gehört die Bildungsstätte dem KVZ.

Die Friktionen zwischen dem Kaufmännischen Verband Zürich und dem Kanton reissen nicht ab, einmal geht es um unzureichende Eingaben für die Beschaffung von Computern, dann wieder um den Kauf anderer Einrichtungen, da der Kanton bei jeder Eingabe eine Chronologie über den Ablauf und die Einordnung des Antrags verlangt.

Mehr KVZ-Mitglieder in wirtschaftlich schwieriger Zeit

2003 ist ein erfolgreiches Jahr für den KVZ, aber ein sehr schwieriges für manche Mitglieder. So umschreibt es der Geschäftsleiter Peter Vonlanthen im Jahresbericht. Der Verband verzeichnet einen Zuwachs von 300 Mitgliedern auf exakt 15 331, während die Mitgliederzahlen anderer Arbeitnehmerverbände und der Gewerkschaften stagnieren oder abnehmen. Die Zunahme hat mehrere Gründe: Das aktive Marketing lockt Neumitglieder an, das ausgebaute Serviceangebot sowie das attraktive Kursprogramm sprechen für eine Mitgliedschaft.

Die Zeiten nach dem Platzen der Internetblase an den Börsen sind wirtschaftlich nicht rosig, die Rezession ist noch nicht ausgestanden.

Zwar sinken die Arbeitslosenzahlen seit dem Tiefpunkt Ende 2003 wieder leicht, Leidtragende sind auch diesmal die Jugendlichen, die zum Teil keine Lehrstelle mehr finden, und wer eine Lehre abschliessen kann, hat keine Garantie für eine feste Anstellung.

KVZ-Präsidentin Pamela Graves spricht in ihrem Vorwort zum Jahresbericht ein weiters Problem an: «Mitarbeitende über 50 können dem Druck der Arbeitgebenden nicht ohne Weiteres ausweichen, denn auf dem Arbeitsmarkt gehören sie schon zum alten Eisen. Doch spricht die Politik bereits von einer weiteren Erhöhung des Rentenalters! Für mich geht die Rechnung langsam, aber sicher nicht mehr auf!» Für den KVZ als berufspolitisch engagierte, grösste Arbeitnehmerorganisation des Kantons Zürich gibt es nach wie vor viel zu tun.

KV-Sportszene: Trend zum Individualsport

«Infolge des anhaltenden Trends zum Individualsport wird es immer schwieriger, neue Leute für die Aktivitäten auf Vereinsebene zu finden», schreibt das Verbandsblatt zum Jubiläum 125 Jahre Turn- und Sportverein Kaufleute Zürich *(WK 2/03)*. Angefangen hat alles um 1866, als einige Kaufleute sich dem Turnverein «Alte Sektion» anschlossen und elf Jahre später eine eigene Sektion gründeten, die innert kurzer Zeit über drei Dutzend Mitglieder zählte. Geturnt wurde in der Schulanlage Linthescher an der Bahnhofstrasse, die viel später dem Neubau des Warenhauses Globus weichen musste. Vergilbte Fotos mit stolzen, kranzgeschmückten Turnern unter der Flagge des Kaufmännischen Vereins Zürich zeugen von vergangener Glorie. Im Jubiläumsjahr ist der altehrwürdige Verein in verschiedene Sektionen wie Sportklub, Handballklub oder Frauenriege aufgeteilt und pflegt Fitness, Gesundheit und Kameradschaft auch bei geselligen Anlässen; sportliche Höchstleistungen sind nicht das Ziel.

Heute weniger gefragt: Gruppenturnen.

Der KVZ bekommt eine Homepage

«Die Welt im unendlichen Web wird klitzeklein», schreibt KVZ-Marketingleiterin Vera Bachmann im Editorial von «wir kaufleute» 9/02, «eine E-Mail ist schnell, ersetzt aber keinen persönlichen Brief. Ein Chatroom ist spannend, der herzliche Händedruck fehlt. Das Wichtigste ist, den richtigen Umgang zu finden. Ich bin sicher, es gelingt uns. In diesem Sinn freut sich der KVZ sehr, Ihnen unsere neue Homepage präsentieren zu dürfen.» Unter www.kvz.ch finden die Mitglieder in Zukunft alle wichtigen Informationen, können Drucksachen bestellen und sich für Veranstaltungen anmelden; ein Quantensprung für das Marketing des Verbandes. Der KVZ nimmt an Berufsmessen im Messezentrum Zürich-Oerlikon teil, wo Lernende gemeinsam mit der Leiterin Marketing und Jugendstelle den Verband und seine Dienstleistungen präsentieren und sich Gehör unter den vielen Ausstellern verschaffen, die tausend Berufe und Lehrgänge präsentieren.

Doch die Konkurrenz an Angeboten ausserhalb der Verbandswelt ist gross, die Jugend wird umworben, und das Verbands- und Vereinswesen ist generell in der Krise. Früher war man KVZ-Mitglied aus Solidarität, heute zählt vor allem das Serviceangebot. Zudem existiert die einst normale Lebensstelle nicht mehr, gebrochene berufliche Wege sind die Regel. Manche quittieren die Mitgliedschaft wegen eines Auslandaufenthaltes und treten nach der Rückkehr nicht mehr in den Verband ein. Noch kann der KVZ auf Veteranen stolz sein, die 50 und mehr Jahre ihren – nach der Pensionierung stark reduzierten – Vereinsbeitrag entrichten. Eine von ihnen ist Mary Keller.

Mary Keller – 78 Jahre KVZ-Mitglied!

2004 Mary Keller, am 3. Mai 1900 in Zürich geboren, feiert ihren 104. Geburtstag und ihr 78-jähriges Jubiläum als Mitglied des Kaufmännischen Verbandes *(WK 7/04)*! Nach Primar- und Sekundarschule absolvierte die Jubilarin eine zweijährige kaufmännische Ausbildung an der Handelsschule Grossmünster und arbeitete dann als kaufmännische Angestellte bei der Firma Escher-Wyss, davon zwei Jahre in Paris. Danach stand sie während drei Jahrzehnten bis zu ihrer Pensionierung bei der schweizerischen Stellenvermittlung des Kaufmännischen Verbandes im Einsatz. Geistig frisch erzählt Mary Keller der Autorin Rosmarie Humm, Vorstandsmitglied des KVZ, zuhanden der Verbandszeitschrift aus ihrem Berufsleben, wo weder 40-Stunden-Woche noch vier Wochen Ferien ein Thema waren. Immerhin konnte die Jubilarin ein-

KVintern

104 Jahre alt – seit 78 Jahren KV-Mitglied

Herzliche Gratulation, Frau Mary Keller!

Mary Keller ist am 3. Mai 1900 in Zürich geboren. Vor kurzem konnte sie also ihren 104. Geburtstag feiern. Ein erfülltes Jahrhundertleben zu protraitieren, ist mir nicht möglich. So beschränke ich mich darauf, Ihnen einen Einblick in den diesjährigen Geburtstagsbesuch zu geben, den ich zusammen mit Frau Ursula Winkler am 7. Mai bei Frau Mary Keller machen durfte.

Eine zierliche, lächelnde Dame empfängt uns mit einem herzlichen Willkommensgruss an der Eingangstüre ihres wundervollen Backsteinhauses. Wir treten ein in die Wohnung, die Frau Keller seit ihrem 10. Lebensjahr bewohnt. Nach der Überreichung unseres Geburtstagsstrausses und einem süssen Mitbringsel setzen wir uns in die heimelige Wohnstube, welche mit vielen Blumen eine wunderbare Frühlingsstimmung verbreitet. Auch wenn draussen düstere und regnerische Witterung herrscht, in unseren Herzen scheint die Sonne. Wir unterhalten uns angeregt über die

Rosmarie Humm, Mary Keller, Ursula Winkler

Blumenstrauss hat überreichen lassen. Fein säuberlich geordnet und mit der Adresse des Absenders sowie dem Vermerk des

Ein besonderes Buch liegt auf dem Gabentisch. Es beinhaltet die Geschichte von Eglisau, der Brückenstadt am Rhein. Tägmal im Jahr eine oder zwei Wochen in ihre Lieblingsstadt Paris oder nach Italien reisen.

Mary Keller lebt, assistiert von der Spitex und einer im gleichen Haus lebenden jungen Familie, dankbar und glücklich in ihrer eigenen Wohnung. Sie ist ein Beispiel für die Vitalität der 1923 gegründeten Veteranen- und Seniorenvereinigung (VSV) des KVZ, die rund 650 Mitglieder zählt und sich an acht Clubnachmittagen jährlich im Kaufleutensaal versammelt, im altehrwürdigen Verbandsgebäude, wo viele von ihnen als Lehrlinge noch die harten Holzbänke der Schule drückten.

Aktive Seniorengemeinschaft

Die agilen Seniorinnen und Senioren lauschen Vorträgen über das Leben von Gottfried Keller oder Bundesrat Minger, diskutieren in Diskussionsrunden über Freuden und Sorgen des Alterns, erleben gemeinsam Ausflüge oder verbringen plaudernd und in Erinnerungen schwelgend einen fröhlichen Nachmittag.

Ehrenmitglied des KVZ: Rudolf Welter mit Gemahlin. Das Bild entstand 1996.

1998 hatte die Vereinigung im «Swissôtel» in Zürich-Oerlikon 75 Jahre Veteranen- und Senioren-Vereinigung des KV Zürich gefeiert. Im Namen aller Mitglieder proklamierte Präsident Gustav Gees die Solidarität mit den Jungen, was die Veteranen-Vereinigung durch eine grosszügige Geldspende an die Lernenden unterstrich; eine noble Geste im Geist des altehrwürdigen Kaufmännischen Verbands Zürich. Die Senioren, die im Laufe ihres kaufmännischen Berufslebens einen extremen Wandel erlebten, sind ein wichtiges Bindeglied zwischen den Generationen.

Der agile Ernst Fröhlich, 1998 als Vize und ein Jahr später als Präsident gewählt, repräsentierte die Vereinigung während einem Dutzend Jahren nach aussen und innen; jetzt ist er Ehrenpräsident.

Sein Nachfolger als Präsident des VSV Markus Stamm ist wie sein Vorgänger von der KVZ-Generalversammlung gewählt worden. Zu seinem Aufgabenkreis gehören die Leitung von Versammlungen und Sitzungen und die Organisation von Ausflügen und anderen Anlässen. Der Präsident besucht auch hochbetagte und kranke Mitglieder und nimmt an Abdankungen teil. Trotz der vielen endgültigen Abschiede ist die Mehrzahl der Mitglieder der Seniorenvereinigung zuversichtlich, engagiert und dankbar für die Angebote des KVZ, der für sie ein Stück Heimat bedeutet. Alexandra Meister, heute zuständig für das Marketing im KVZ, strahlt: «Die Senioren sind die aktivste Betriebsgruppe, ich staune immer wieder, wie viel sie unternehmen und welche Lebensfreude sie ausstrahlen.»

Weniger Ausbildungsplätze bei den Banken

«Banklehrlinge vom Aussterben bedroht!», steht über der Titelgeschichte im Blatt «wir kaufleute»: «Verabschieden sich die Banken aus der Lehrlingsausbildung?»

Die Zahl der Ausbildungsplätze im kaufmännischen Bereich, nicht nur bei den Banken, hat in den letzten Jahren stetig abgenommen. Die Gründe sind nicht neu. So ist den Arbeitgebenden der Aufwand zu gross, den die Neue Kaufmännische Grundausbildung NKG erfordert. Lieber stellt man bereits ausgebildete Kräfte ein, was zur Folge hat, dass sich auf eine einzige Lehrstelle Dutzende oder gar hundert Interessenten melden.

So halten sich die Banken, die einst unangefochten zu den grössten Ausbildnern im kaufmännischen Bereich gehörten, mit der Ausbildung von Lehrlingen zunehmend zurück und wählen nur die Allerbesten unter den 16-Jährigen aus, was möglich ist, weil die Geldhäuser immer noch zu den beliebtesten Arbeitgebern gehören. Mehr und mehr bevorzugen die Banken aber junge Mitarbeitende mit akademischem Hintergrund; den Absolventinnen und Absolventen frisch ab Hochschule werden überdurchschnittliche Saläre, steile Karriereaussichten und hochqualifizierte Weiterbildungen geboten. Das Nachsehen haben die Lehrlinge, für die immer weniger Ausbildungsplätze bleiben. Drei Wege stehen den Jungen bei den Banken offen:

- die dreijährige kaufmännische Grundausbildung, allenfalls begleitet von einer Berufsmatur;
- das Bankpraktikum von 18 bis 24 Monaten für Bewerbende mit einer Matur;
- ein besonderes Einführungsprogramm, das für Absolventinnen und Absolventen von Hochschulen konzipiert ist.

Einsatz des KVZ für Ausbildung bei den Banken

Der KVZ plädiert mit Nachdruck für eine Zunahme der Lehrstellen bei den Banken, denn auch in diesem Bereich hat das duale System mit Praxis und schulischer Ausbildung Zukunft, ja das traditionsreiche, immer wieder weiterentwickelte System gilt als einer der Garanten für den Erfolg des Wirtschaftsstandortes Schweiz.

Kaufmännische Lernende nach Branchen in der ganzen Schweiz, ausgebildet in insgesamt 84 KV-Schulen

	1997	2002	
Bank	4479	4266	– 5 %
Versicherungen (privat)	2041	2074	+ 2 %
Gemeindeverwaltungen	1648	2830	+ 72 %
Bund, Kantone	1360	1788	+ 31 %

(Quelle Bundesamt für Statistik, Schul- und Berufsbildung, 1998–2003)

Doch die Grossbanken verlieren zunehmend den Bezug zum Land, sie agieren als Global Players, die sich der Weltordnung der USA anpassen, wie das KVZ-Blatt diagnostiziert. Diese «Konzerne ohne Heimat» kümmern sich immer weniger um die Anliegen des eigenen Landes, ob es sich nun um die Unterstützung von KMU handelt, die auf Kredite angewiesen sind, oder eben um die Ausbildung junger Menschen, klagt das Verbandsmagazin. Klischiert vielleicht sind diese holzschnittartigen Diagnosen, doch sie enthalten mehr als ein Körnchen Wahrheit.

Vernetzt: Moderne
Bankarbeitsplätze
(ZKB, Zürich)

Eine Erhebung der Forschungsstelle für Bildungsökonomie der Universität Bern bei 2300 Betrieben im Jahre 2003 ergibt, dass sich die Lehrlingsausbildung lohnt; denn bereits im letzten Lehrjahr sind die Auszubildenden bei zwei Dritteln der befragten Unternehmen als fast vollwertige Arbeitskräfte einsetzbar. Dabei zeigen grössere Firmen ein deutlich besseres Kosten-/Nutzenverhältnis als Kleinbetriebe.

Die Banken waren federführend, als es darum ging – nach 40 Jahren – die überfällige Reform der kaufmännischen Grundausbildung voranzutreiben, und sie betreiben in der Regel eine kompetente Ausbildung der kaufmännischen Mitarbeitenden. Umso dringender nun der Appell des KVZ, die Zahl der Lernenden zu erhöhen *(WK 6,7/04)*.

«Auf der Bank, nicht im Paradies …» ist ein szenischer Abend betitelt, der im Kaufleutensaal mit Musik und authentischen Berichten von Frauen und Männern, die bei Banken arbeiten, über die Bühne geht. Beim überraschenden Potpourri zur «Stimmungslage der Bankangestellten mit Höhenflügen und Abgründen» bleibt mancher Backoffice-Angestellten und manchem Prokuristen im überfüllten Saal zuweilen das Lachen im Halse stecken. Der Eintritt ist frei, der Verband offeriert einen Apéro.

Die KV Zürich Business School bezieht neue Schulräume

Im November feiert der Verband das dreissigjährige Bestehen des Schulgebäudes der KV Zürich Business School, das für den Ansturm der Lernenden zu klein geworden ist. 1993 hat sich die Business School darum ins boomende Quartier Zürich-West ausgedehnt und 13 Schulzimmer in den frisch renovierten Räumlichkeiten in der stillgelegten Seifenfabrik Steinfels an der Heinrichstrasse bezogen.

Der Zuwachs der Lernenden macht 2004 weiteren Schulraum nötig, den die Berufsschule im nahen «Puls 5» vom Kanton mietet, gegen den Willen des KVZ, der die bestehenden Räume als ausreichend betrachtet. Solche Spannungen gibt es immer wieder zwischen den öffentlichen und privaten Partnern. Eine wichtige Komponente der Eigenleistung sind gemäss einer Dokumentation des KV Zürich aus dem Jahr 2006 die freiwilligen Beiträge der Lehrfirmen. Diese fliessen, gestützt auf eine Vereinbarung im Gesamtarbeitsvertrag, zwischen dem KVZ und dem Verband Zürcher Handelsfirmen.

Diese Beiträge betragen gegenwärtig 750 Franken pro Lernenden und Jahr, was bei rund 4000 Lehrlingen im Schnitt ca. 3,2 Millionen Franken jährlich ausmacht. Weitere Einnahmen stammen aus der Weiterbildung, Erträgen aus dem Lehrmittelverlag oder Fremdvermietungen.

Zu den Eigenleistungen zählt namentlich auch der vielfältige Aufwand der Jugendabteilung des KV Zürich für die Schule. Zum Beispiel durch die kostenlose Anlaufstelle, die individuelle Unterstützung in Schule und Betrieben leistet, kostenlose Rechtsberatung, Führung der Jugendgruppen und Zeitschriften für die Lernenden. Dazu kommen Dienstleistungen für Lehrkräfte und Lehrbetriebe, das Management einer Gruppe «Wir LehrmeisterInnen» sowie unter anderem auch Lehrstellenmarketing bei Firmen im Grossraum Zürich.

In der ehemaligen Waschmittelfabrik Steinfels beim Escher-Wyss-Platz entstehen neue Schulräume der KV Zürich Business School.

Hohe Eigenleistung der KV Zürich Business School

Die KV Zürich Business School kann dank hohen Eigenleistungen des Verbandes ihren Status als öffentliche Bildungsstätte mit privater Trägerschaft seit der Gründung und wohl auch in Zukunft wahren.

	Total Aufwand (in Mio. Fr.)	Staatsbeitrag	KVZ-Eigenleistung
1999	53,68	32,57	9,93 (18,5%)
2000	58,43	36,98	10,05 (17,2%)
2001	62,45	39,86	9,95 (15,9%)
2002	64,49	42,26	9,99 (15,3%)
2003	63,29	40,85	10,41 (16,4%)
2004	64,45	41,85	9,18 (14,2%)
2005	60,67	39,66	6,66 (10,9%)

Personenfreizügigkeit mit der EU

Am 1. Juni 2004 tritt das Abkommen über die Personenfreizügigkeit mit der EU in Kraft. Arbeitnehmende aus dem EU-Raum haben jetzt die Möglichkeit, eine Beschäftigung in der Schweiz anzutreten, wenn sie über eine Arbeitsbewilligung verfügen und sich keine inländische Person für die Arbeitsstelle findet. Mit flankierenden Massnahmen wird verhindert, dass die Einwanderung von Arbeitskräften zum Lohndumping führt. Damit werden die inländischen Arbeitskräfte geschützt und Wettbewerbsverzerrungen verhindert. Auch in den kaufmännischen Bereich im Grossraum Zürich strömen immer mehr Bürger von EU-Staaten, namentlich aus Deutschland.

New Work – Symbol einer veränderten Arbeitswelt

2005 «New Work – Umwälzung auf dem Arbeitsmarkt», überschreibt Fachjournalist Ingo Boltshauser seine Titelreportage im «wir kaufleute» *(WK 11/05)*. Früh schon hat sich der KVZ mit dem Phänomen der Flexibilisierung der Arbeit auseinandergesetzt, das in den Neunzigerjahren an virulenter Bedeutung gewann.

Neu ist das Phänomen jedoch nicht; bereits im Feudalsystem des Mittelalters hatte ein beträchtlicher Teil der Menschen keinen festen Platz in der Arbeitswelt. Viele mussten sich kurzfristig verdingen, wenn sie sich und ihre Familien ernähren wollten. Hunger und Armut drohten, wenn ihre Arbeitskraft, zum Beispiel nach der Ernte, nicht mehr gefragt war. Die Heimarbeitenden im aufziehenden Industriezeitalter genossen so wenig soziale Sicherheit wie die Tagelöhner, die der Willkür der Arbeitgeber und den Schwankungen des freien Marktes ausgesetzt waren. Im heutigen China sind Dutzende von Millionen Menschen als Wanderarbeiter von Baustelle zu Baustelle unterwegs, wo sie karg entlöhnt arbeiten können, bis das Objekt fertiggestellt ist. In der Schweiz hat die Flexibilisierung des Arbeitsmarktes ein anderes Gesicht, und sie nimmt, begünstigt durch neue Gesetze, stetig zu.

Bereits 1997 hatten Peter Vonlanthen und René Spring, Geschäftsleiter des gerade neu geschaffenen Ressorts «New Work» im KVZ, ein Papier mit dem Titel «Schluss mit der Jubiläumsuhr» herausgegeben. Provokantes Fazit der Analyse: Wer früher zehn oder zwanzig Jahre in der Firma diente, bekam eine Anerkennung in Form eines zusätzlichen Monatssalärs oder eben einer Uhr. Firmentreue und Loyalität wurden als Frucht einer guten Unternehmenskultur honoriert. «Heute gilt dies als alter Zopf, und die Jubiläumsuhr ist längst abgeschafft. Eine Belohnung erhält nur noch, wer sich frühzeitig pensionieren lässt», bringen es die Autoren, arg zugespitzt, auf den Punkt. Eine niedrige Fluktuationsrate beim Personal galt lange als Attribut von Qualität, häufiger Personalwechsel war Zeichen für schlechte Saläre oder ein lausiges Betriebsklima. Diese Diagnose ist Schnee von gestern, instabile Teams, das stete neue Aushandeln der Normen der Zusammenarbeit sind alltäglich geworden.

Immer und überall erreichbar, die Grenzen der Arbeitszeit verwischen

Direkt und indirekt wird die Entwicklung durch die rasante Ausbreitung des World Wide Web beschleunigt, das Arbeitsleistung und Arbeitsplatz entkoppelt. Desk Sharing, wo mehrere Teilzeitbeschäftigte das gleiche Pult benützen, hält Einzug. Kaufmännische Arbeiten können jetzt online von zu Hause oder unterwegs erledigt werden. Call Centers mit zusammengewürfelter, ständig wechselnder Belegschaft schiessen wie Pilze aus dem Boden.

Doch der Preis des flexibilisierten Arbeitsmarktes kann hoch sein, denn durch starken Personalwechsel fliesst Know-how ab, und die Firmen verlieren mit der Instabilität des Personalbestandes sozusagen ihr Gedächtnis und einen Teil ihres Beziehungsnetzes. Modern gestaltete Unternehmen zeichnen sich durch eine relativ kleine Belegschaft aus, der eine grosse Zahl von freien Mitarbeitenden, selbstständigen Auftragnehmenden, befristet oder teilweise Beschäftigten gegenübersteht. Outsourcing heisst die Devise vieler Arbeitgeber. Von den rund 4,2 Millionen erwerbstätigen Personen in der Schweiz sind gemäss neuester Statistik etwas mehr als die Hälfte in einer Vollzeitanstellung, alle andern arbeiten entweder selbstständig, in Teilzeit oder in befristeten Anstellungsverhältnissen. Das Büro Ecoplan errechnete im Auftrag des Staatssekretariates für Wirtschaft, dass im Jahre 2003 435 000 Menschen im Lande auf Abruf, als Quasi-Selbstständige mit hoher Abhängigkeit von einem Arbeitgeber, ihren Lebensunterhalt verdienen, viele im kaufmännischen Bereich und im Verkauf *(WK 11/05)*.

Die Umwälzung auf dem Arbeitsmarkt wirkt sich direkt auf die kaufmännischen Berufe und auf den Kaufmännischen Verband aus. Der Anreiz, eigene Lehrlinge auszubilden, schwindet in Unternehmen mit teuren Arbeitsplätzen und gut bezahltem Stammpersonal. Vonlanthen und Spring sehen in ihrer oben zitierten Analyse gar das duale System gefährdet.

Doch um 2005 hat sich «New Work» in den Köpfen der Personalverantwortlichen endgültig etabliert. In Zeiten, wo täglich Heerscharen von Pendlern am Laptop im Zug arbeiten, ist das klassische Arbeitsverhältnis aufgeweicht. Die technische Entwicklung ermöglicht es den Firmen, «schlank» zu werden und alles, was nicht unverzichtbar zur Kernkompetenz des Unternehmens gehört, in flexible Arbeitsverhältnisse auszulagern.

Entlassungen trotz Rekordgewinnen

Zur Thematik passt auch das «Grand Ethik Café», das die KVZ-Gruppe «Wir vom Service Public» mit grossem Erfolg am 7. November organisiert. Am Podiumsgespräch im Kaufleuten diskutieren Exponenten aus der Zürcher Kantonsregierung mit Politikerinnen und Fachleuten aus den Bereichen Personalwesen und Arbeitswelt zur Thematik «Kostenfaktor Personal – Sparen über alles! Wo bleiben die Menschen?». Auslöser hitziger Diskussionen im altehrwürdigen Saal sind die Sparmassnahmen in Zürichs kantonalen und städtischen Verwaltungen.

Wo der Staat rationalisiert, stehen die Privatfirmen nicht nach: Trotz Rekordgewinn entlässt die Tamedia, um ein Beispiel zu nennen, 2005 ein Dutzend Mitarbeiterinnen in der telefonischen Inseratenannahme und elf Mitarbeitende in der Inseratenproduktion – aus «wirtschaftlichen Gründen», wie es heisst – und ohne Sozialplan. Das Couvert mit der Kündigung enthält aus Gründen der Rationalisierung auch die frohe Botschaft über den guten Geschäftsgang. Erst nach massivem Druck des KVZ und der Gewerkschaft Comedia bequemen sich die Tamedia-Verantwortlichen zum Gespräch und einem leicht verbesserten Abgang für die Entlassenen. An den Kündigungen ändert das nichts.

Älterwerden als Stigma

Älterwerden kann in dieser flexibilisierten Berufswelt zum Albtraum werden. Lilly Arnold beleuchtet in der Verbandszeitschrift das Schicksal von älteren KV-Einsteigern und -Einsteigerinnen ohne Erfahrungen mit den neusten Computerprogrammen – Arbeitskräfte, die keiner mehr will: «Beim RAV (Regionale Arbeitsvermittlungszentren) gibt es zwar viele gut gemeinte Ratschläge; Arbeitsstellen aber sind höchst selten» *(WK 11/05)*.

Diese Entwicklungen schlagen sich auch beim Kaufmännischen Verband Zürich nieder. Immer mehr Menschen beanspruchen die KVZ-Rechtsberatung. Andererseits stagniert jetzt die Zahl der Verbandsmitglieder; ein Paradox, denn man könnte erwarten, dass sich die Menschen in Zeiten des Umbruchs und der Krise unter den Schirm ihres Verbandes scharen würden. Doch in schwierigen Zeiten spart man lieber die 175 Franken Jahresgebühr, als sich dem Schutz des KVZ anzuvertrauen.

Der KVZ beschreibt in weiteren Berichten im aufmüpfigen Verbandsblatt die Herausforderungen der veränderten Arbeitswelt an das Bildungssystem und die soziale Sicherheit. Und es berichtet von den Problemen der Menschen, die zwar Arbeit finden, aber davon nicht leben können, den Working Poor.

Korruption, Krebsgeschwür der Gesellschaft

Daniel Jositsch, Professor für Strafrecht und Strafprozessrecht an der Universität Zürich, Rechtsanwalt und Mitglied des Vorstandes des KVZ, schreibt im Verbandsblatt über das heisse Thema «Korruption» und räumt mit dem Vorurteil auf, das Übel sei vor allem bei der Mafia und in Entwicklungsländern anzusiedeln. Jositsch geht der Thematik in zwei Titelgeschichten auf den Grund und publiziert dazu später ein einschlägiges Buch in der KVZ-Schriftenreihe.

Kritisches KVZ-Vorstandsmitglied: Strafrechtsprofessor Daniel Jositsch.

Er behandelt das Phänomen korrupter Beamter, das hierzulande eher selten ist, und wo der Staat, also die Gemeinschaft der Bürger, geschädigt wird. Bei der Privatkorruption werden Privatpersonen, Organisationen, wie zum Beispiel ein Verband oder Unternehmen, bestohlen. Jositsch: «Korruption ist Käuflichkeit; der Bestochene verstösst um eines Vorteils willen gegen seine Pflichten.»

Im Kaufleutensaal kreuzen unter der Leitung von Willy Rüegg, Ressort Berufsbildung des KVZ, vier Experten, darunter Strafrechtsprofessor Daniel Jositsch und Philipp Levy, Präsident von «Transparency International», ihre Klingen und zerzausen auch die immer noch als Gentleman-Delikt angesehene Bestechung im privaten Bereich. Behandelte Fragen sind: Was ist erlaubt und was nicht? Wie können Whistleblower – firmen- oder behördeninterne Personen, die Korruption aufdecken und melden – geschützt werden?

Älterer Arbeitloser in einem Regionalen Arbeitsvermittlungs-zentrum (RAV).

ALS – ein neues Instrument der Lehrlingsausbildung

2006 Bildung und Ausbildung wird beim KVZ traditionell grossgeschrieben. Ein Beispiel unter vielen ist die «Impulswerkstatt für Lehrmeister/innen» am 16. März 2006 im Kaufleutensaal, moderiert von den KVZ-Frauen Vera Bachmann und Gabriela Brauchli. Unter der Leitung mehrerer Fachleute wird die Arbeits- und Lernsituation (ALS) diskutiert, ein neues Instrument der Lehrlingsausbildung. Die rund fünfzig Lehrmeister und Lehrmeisterinnen beteiligen sich mit Engagement und praktischen Vorschlägen an der Diskussion. Besondere Aufmerksamkeit finden die Wortmeldungen eingeladener Lernender, die ALS kritisch würdigen und sich den Fragen der Lehrmeister stellen. Ein Suppenznacht beendet den Abend, der auch dem Networking dient und für die KVZ Untergruppe «Wir Lehrmeister/innen» wirbt.

Neuer KVZ-Präsident Hans Hildbrand

Hans Hildbrand, vorher Vizepräsident, löst Pamela Graves als Präsident des KVZ ab. Hildbrand arbeitet im Hauptberuf als freischaffender Kommunikationsberater und setzt sich mit Kreativität, Hartnäckigkeit und liebenswürdigem Charme für die Anliegen des KVZ ein; auch sein Mandat im Zentralvorstand des KV Schweiz erfüllt er mit grossem Engagement.

Engagement mit Charme: KVZ-Präsident Hans Hildbrand.

incluso – Hilfe für junge Menschen mit Migrationshintergrund

Das Hilfswerk Caritas gründet das Projekt incluso, das jungen Migrantinnen und Migranten Mentoren zur Seite stellt, um ihnen den Übergang von der Schule zur Berufswelt zu erleichtern. Vera Bachmann, auch Leiterin der KVZ Jugendstelle, stellt das Projekt in der Verbandszeitschrift vor und motiviert KVZ-Mitglieder mit den nötigen Qualifikationen, bei den in Zürich und Winterthur durchgeführten incluso-Programm mitzuhelfen *(WK 7/06)*.

Eine der jungen Frauen, die von incluso profitiert, ist die Kosovo-Albanerin Besjana, die im Detailhandel in der Textilbranche eine Lehre machen möchte. Dank der Hilfe von Cinzia Sartorio, Kommunikationsleiterin einer Bank, die selber aus einer zugewanderten Familie stammt, kann Beslana eine Schnupperwoche mit guter Aussicht auf eine Lehrstelle absolvieren. Cinzia Sartorio: «Zu sehen, was es bedeutet, mit einem ausländisch klingenden Namen eine Lehrstelle zu suchen, war sehr lehrreich.»

Starkes Engagement für die Jugend

Die Jugendthemen werden in den beiden KVZ-Zeitschriften «Staubsuuger» für die Lernenden und «Pipeline» für die jungen Kaufleute abgehandelt; dennoch widmet sich auch die Verbandszeitschrift regelmässig diesen wichtigen Themen. «Arbeitssicherheit und Gesundheitsschutz bei jungen Arbeitnehmenden» ist dem Verband eine Titelgeschichte wert. Engagiert wird als Autor Peter Meier vom Zürcher Amt für Wirtschaft und Arbeit *(WK 8/06)*. Lernende sind in Betrieben besonderen Gefahren ausgesetzt, da sie neu in der Arbeitswelt sind und deren Risiken erst unzureichend kennen. Wie der Autor schreibt, dürfen Jugendliche unter anderem keine Arbeiten durchführen, die ihre physische und psychische Leistungsfähigkeit übersteigen, bei der sie giftigen oder krebserregenden Stoffen oder schädlichen Strahlungen ausgesetzt sind oder wo das Risiko von Unfällen besteht. Die Arbeitszeiten für Jugendliche sind mit Einschränkungen verbunden, gemäss Peter Meier kommt es jedoch immer wieder zu Übertretungen, einzelne Lernende müssen gar ungesetzliche Sonntagsarbeit leisten.

Kaufmännische Mitarbeitende sind in vielen Branchen tätig: Lernende in einem Reisebüro.

Der Verband der Zürcher Handelsfirmen hat die gute Idee, KV-Lernende aus der Jugendgruppe als Ehrengäste an die diesjährige Generalversammlung einzuladen. Präsident Heinz Waser widmet die Eröffnungsansprache dem Thema Lehrstellenknappheit und empfiehlt allen anwesenden Firmenvertretern, die «Ressource Lehrling», wie er es formuliert, sorgfältig und professionell in die Personalplanung von morgen einzubeziehen.

Mario Fehr, neuer Präsident im KV Schweiz

Im KV Schweiz löst Mario Fehr den bisherigen Präsidenten Alexander Tschäppet (1993–2005) ab. Mit grossem Applaus begrüsst die Delegiertenversammlung die Wahl des 47-jährigen, im zürcherischen Adliswil lebenden Nationalrates und Adliswiler Stadtrates, der seit 2003 in der Angestelltenpolitischen Kommission des KV Schweiz sitzt. Der SP-Politiker Fehr gilt als kontaktfreudig, freundlich und kollegial und tritt oft pointiert in den Medien auf, etwa im «SonnTalk» von «TeleZüri» – eine Medienpräsenz, die ihn zu einem der bekanntesten Zürcher Politiker machte. Als Mitglied der Aussenpolitischen Kommission sowie der Kommission Bildung, Wissenschaft, Kultur des Nationalrates sind seine Schwerpunkte die Angestellten- und Bildungspolitik sowie die Aussen-, Friedens- und Sicherheitspolitik. Fehr, der einen Summa-cum-laude-Abschluss als Jurist vorweisen kann, als Lehrer an Berufsschulen arbeitete und sich in einer parlamentarischen Gruppe für Tibet einsetzt, will sich als Präsident des KVS namentlich für die Berufsbildung und die Lohngleichheit einsetzen. Der finanziell angespannten Situation des Kaufmännischen Verbandes Schweiz will er mit Sparmassnahmen und einem organisatorischen Umbau begegnen. Die angeschlossenen Berufsschulen sollen mehr Freiheit bekommen, um sich besser den Bedürfnissen des Bildungsmarktes anpassen zu können.

Mario Fehr, Präsident des KV Schweiz

Sitz des KV Schweiz im Zürcher Enge-Quartier

Junge Menschen am Bahnhof Stadelhofen. Viele kaufmännische Angestellte pendeln zur Arbeit und zur Ausbildung nach Zürich.

Gleichberechtigung: Schlagabtausch dreier Frauengenerationen

Einen «Generationen-Talk» organisiert das Gleichstellungsbüro des KVZ am 12. Juni 2006, an dem Frauen dreier Generationen teilnehmen. Aufhänger der beachteten Veranstaltung sind verschiedene Jubiläen: Vor 95 Jahren fand der erste Internationale Tag der Frau in der Schweiz statt, vor 35 Jahren bekamen die Schweizer Frauen das Stimmrecht, vor 25 Jahren wurde der Gleichstellungsartikel in die Verfassung aufgenommen, vor 15 Jahren ging der erste Frauenstreik über die Bühne und vor 10 Jahren schliesslich trat das Gleichstellungsgesetz in Kraft.

Diskurs über Gleichstellung im «Kaufleuten» (links im Bild SP-Politikerin Lilian Uchtenhagen).

Im voll besetzten Kaufleutensaal diskutieren Lilian Uchtenhagen, erste Bundesratskandidatin und ehemalige Nationalrätin, Julia Gerber-Rüegg, Zürcher Kantonsrätin und Co-Präsidentin der SP-Frauen Schweiz, und Dani Oertle, Werkstudentin und engagierte Feministin. Brigitte Tamburini-Schmid, neue Leiterin Gleichstellung KVZ, moderiert das Podiumsgespräch und die anschliessende rege Diskussion. Thematisiert werden die «herrschenden Machtstrukturen» und die Schwierigkeit, trotz Gleichstellung in den Gesetzen «das zweitausendjährige Patriarchat» zu überwinden.

Pionierin Lilian Uchtenhagen hält dagegen, dass Frauen heute im Gegensatz zu früher ihren Weg gehen, sich in ihren Beruf einbringen und in der Politik mitwirken können. Diese Errungenschaften, welche die Frauen heute so selbstverständlich leben, habe sich frau über Jahrzehnte hart erkämpft, hält sie fest. Die junge Feministin kontert, es ginge nicht an, dass die Frauen die Doppelbelastung von Beruf und Familie fast allein tragen. Im Unterschied zu den «Siebzigerjahre-Feministinnen» sei es für die jungen Frauen heute selbstverständlich, die Männer einzubinden, um mit ihnen die Gleichstellung zu erreichen. Fazit der Chronistin der engagierten Diskussion, Iris Ichsanov, Assistentin Gleichstellung KVZ: «Wir brauchen Mut, um sichtbar zu werden, und Kraft, um dranzubleiben» *(WK 8/06)*.

Qualitätsmanagement bei der KV Zürich Business School

Die Zürcher Bildungsdirektion lässt 2005 das Qualitätsmanagement der KV Zürich Business School – als erste Berufsschule im Kanton Zürich – im Detail prüfen. Seit dem Jahr 2000 verfolgt die Berufsschule mithilfe des Systems FQS eine strikte Qualitätsentwicklung und Qualitätsevaluation. Durchleuchtet werden das Zusammenspiel von Lehrkräften und Schülern, von Prüfern und Beurteilten zuhanden der Qualitätsentwicklung.

Der Bericht der Bildungsdirektion, der 2006 erscheint, stellt der KV Zürich Business School ein sehr gutes Zeugnis aus. Die Ergebnisse fliessen in die Planung der internen Koordinations- und Steuergruppe (KSTG) ein.

Zunehmende Missstimmung im öffentlichen Dienst des Kantons Zürich

Bei den 38 000 Angestellten des Kantons Zürich gärt es, denn geht es nach dem Willen des Regierungsrates, werden die Löhne gemäss MH 06 (Massnahmenplan Haushaltgleichgewicht 06) des kantonalen Personals nochmals um rund drei Prozent fallen. Dazu kommt, dass nur ein Bruchteil der Teuerung ausgeglichen werden soll, der gesetzliche Lohnstufenanstieg weiterhin ausser Kraft bleibt und nur sehr wenige Mitarbeitende befördert werden.

Gemäss einem gesamtschweizerischen Branchenvergleich des Bundesamtes für Statistik schneidet die öffentliche Hand, was die Löhne betrifft, im Vergleich zur Privatwirtschaft schlecht ab, auch im Kanton Zürich. Der Kaufmännische Verband Zürich und der VPOD engagieren sich einmal mehr in der Berufspolitik und einigen sich auf ein gemeinsames Forderungspaket. Darin fordern sie unter anderem den vollen Teuerungsausgleich und den Lohnstufenanstieg sowie den Ausgleich vergangener Reallohnverluste für die kantonalen Angestellten. Angesichts des Konjunkturhochs mit höheren Steuererträgen erscheinen die Forderungen mehr als legitim.

Bereits zum dritten Mal organisieren die 17 Verbände der Aktionsgemeinschaft für den Service Public am 16. September 2006 einen nationalen Aktionstag, diesmal in Form einer schweizerischen Tagung in Bern. Im Zentrum des Anlasses steht eine Studie der Konjunkturforschungsstelle KOF der ETH Zürich, die erstmals umfassend die volkswirtschaftliche Bedeutung der öffentlichen Dienstleistungen in der Schweiz und ihren Beitrag zur Wohlstandsvermehrung im Lande beschreibt.

Fazit der Studie: Wo in andern Ländern aufgeblähte, ineffiziente öffentliche Dienste als Wohlstandsbremsen wirken, erhöht die öffentliche Dienstleistung hierzulande den volkswirtschaftlichen Wohlstand und die wirtschaftliche Produktivität der Marktwirtschaft erheblich.

Im internationalen Effizienzvergleich stehen die öffentlichen Verwaltungen des Landes sehr gut da, und positive Effekte für die Wohlstandsvermehrung lassen sich vor allem im Bereich Infrastruktur, Bildung und Gesundheit nachweisen. Grund genug für den KVZ, sich mit aller Kraft für seine Mitglieder im öffentlichen Dienst einzusetzen. Gemeinsam mit dem VPOD bekräftigt er seine bekannten Forderungen unter dem Signet: «Aufschwung jetzt – mehr Lohn für das Staatspersonal».

Der KVZ als Wahlhelfer

Der KVZ definiert sich gemäss Art. 2 seiner Statuten als konfessionell und parteipolitisch neutral, gibt aber zuhanden seiner Mitglieder immer Wahlempfehlungen zugunsten von Kandidierenden für kantonale und nationale Parlamente ab. SP-Mitglieder wie Geschäftsleiter Peter Vonlanthen oder Vorstandsmitglied Daniel Jositsch werden finanziell in ihren Wahlkampagnen für kantonale und nationale Parlamente unterstützt. Als Arbeitnehmerverband ist der KVZ naturgemäss eher auf der linken Seite des politischen Spektrums etabliert. Im «wir kaufleute» vom März 2007 wird für 14 Kandidatinnen und Kandidaten für die Zürcher Kantonsratswahlen, namentlich aus der Sozialdemokratischen Partei, dazu für zwei Grüne und einzelne Kandidierende von EVP, CVP und Alternativer Liste geworben. Zitat aus dem Verbandsblatt: «Eine aktive Wahlempfehlung für bisherige Kantonsrätinnen und Kantonsräte wird nur abgegeben, wenn sie in der vergangenen Legislatur ein aktives berufspolitisches Engagement gezeigt haben.»

Für die Nationalratswahlen 2007 portiert der KVZ Mario Fehr, SP, Präsident des KVS; Julia Gerber Rüegg, SP, engagiert in Angestelltenpolitik, Finanzen, Wirtschaft und Bildung; Daniel Jositsch, SP, Strafrechtsprofessor an der Uni Zürich, und Mitglied des KVZ-Vorstandes, sowie Ralf Margreiter, der das Ressort Jugend des KV Schweiz betreut. Dazu ein weiteres halbes Dutzend Kandidierende, die alle Mitglieder des KV Zürich sind, der die Kampagnen der favorisierten Kandidaten unterstützt und ihnen bei Podiumsgesprächen mit Kandidierenden anderer Parteien im Kaufleutensaal eine Plattform bietet.

Der KVZ ist finanziell solide – dank Immobilienerträgen

Der Kaufmännische Verband Zürich steht finanziell sehr gut da, nicht zuletzt dank der Weitsicht der Vorväter, die den Mut hatten, in der schwierigen Zeit bei Ausbruch des Ersten Weltkrieges ein grosszügiges Verbandshaus in der Innenstadt von Zürich zu errichten.

Als Exempel soll das Budget 2006 dienen, ein zufällig gewähltes Beispiel eines Verbandsjahres, das die Generalversammlung vom 26. März 2007 im Kaufleutensaal absegnet *(WK 3/07 S. 9ff.)*.

Ein paar Kernzahlen:

Der KVZ nahm an Mitgliederbeiträgen ein:	2,47 Mio. Fr.
Verbandseinnahmen durch Kurse und Seminare sowie Kapitalerträge erbrachten	275 000 Fr.
Die Totaleinnahmen betrugen inklusive Kapitalerträge	2,745 Mio. Fr.
Der Aufwand für Sekretariat, Verwaltung etc. inklusive der 1,307 Mio. Fr., die der KVZ als bei weitem stärkster Regionalverband an den Zentralverband überwies	5,643 Mio. Fr.
Die Ausgaben übersteigen die Einnahmen aus der Verbandstätigkeit um	2,898 Mio. Fr.
Doch die Liegenschaftenerträge bringen die Rechnung wieder ins Lot. Der Ertragsüberschuss aus den Immobilien, namentlich dem Verbandshaus in der City, beträgt 2006 – bei Bruttoeinnahmen aus den Liegenschaften von 6,823 Mio. Fr. – satte	3,884 Mio. Fr.
Die Jahresrechnung 2006 ist damit mit einer knappen Million Fr. (vor Rückstellungen und Abschreibungen) im Plus:	986 000 Fr.

Glücksfall «Kaufleuten»

Seit der Metamorphose des Verbandshauses Kaufleuten zu einem der Magnete des Zürcher Unterhaltungs- und Kulturlebens im Jahr 1992 sind einige Jahre verflossen. Inzwischen umfasst das Team für die Leitung des Gastronomiebetriebes, der Bars und des Eventprogrammes in den beiden Sälen drei Personen: Patentinhaber ist Marc Brechtbühl, ein ausgebildeter Betriebsökonom und Kulturmanager, Marc Röthlin ist zuständig für den Clubbetrieb und alles, was mit dem Nachtleben zusammenhängt, und Patrik Gertschen für die Gastronomie.

Full House: Konzert im Kaufleutensaal.

Brechtbühl, der schon als Student in den Kaufleuten-Betrieben gearbeitet hatte, stiess rund zwei Jahre nach der Eröffnung zum Kaufleuten-Management und half mit, den betriebsökonomischen Bereich besser zu organisieren; denn das Rechnungswesen hielt mit dem riesigen Erfolg nicht Schritt. «Es gefiel mir, und so bin ich geblieben», sagt Brechtbühl und skizziert die Erfolgsstory, die – wie beschrieben – mit dem von Peter Vonlanthen angeheuerten Fredi Müller begann. Bis zum Anbruch der neuen Ära 1992 habe man in den Sälen und im Restaurant pro Jahr so viel umgesetzt wie heute pro Monat, erklärt er. Der Pachtvertrag mit dem KVZ wird auf 15 Jahre abgeschlossen, die Miete hängt vom Umsatz ab.

Der Festsaal und der Kaufleutensaal gehören zum Zürcher Kulturleben wie die Tonhalle und das Schauspielhaus.

Edel speisen im Kaufleuten-Restaurant.

Gemütlich und
kommunikativ:
Die Kaufleuten-Bar.

Brechtbühl lobt das gute Einvernehmen mit dem Kaufmännischen Verband, das es möglich gemacht hatte, dass sich «ein ehemaliges Berufsschulhaus und Verbandshauptquartier» im Herzen der Zürcher City zum pulsierenden gesellschaftlichen und kulturellen Brennpunkt wandeln konnte.

Auf der Lohnliste der KVZ-Pächter stehen 220 Personen aus 30 Nationen, davon sind 110 fest angestellt. «Nur mit der wohlwollenden Unterstützung des KVZ können wir unser reich befrachtetes Programm durchziehen», betont Brechtbühl, «ein Programm, das von der Sechseläutenparty bis zum Lyrikabend reicht.»

Im Kaufleutensaal, der einst auch als Aula diente, geht an diesem Abend bei einer Saalmiete von 4500 Franken eine Promotion für Markenuhren mit Show über die Bühne; bei kulturellen Veranstaltungen wird die Miete – quersubventioniert – zum Teil viel tiefer angesetzt. Das Pächterteam sponsert jedes Jahr mit bis zu 300 000 Franken die kulturellen Veranstaltungen, die auch viele Gäste in die Restaurants bringen; denn wer vor Konzerten und Dichterlesungen im «Kaufleuten» speist, bekommt die besten Plätze im Saal.

Der Festsaal im 1929 eingeweihten Annex des historischen Gebäudes hat eine besondere Geschichte. Der Kaufmännische Verband nutzte diesen neuen Saal sofort intensiv und mietete die Lokalität aus, zu dessen «lukrativen Verwendungszwecken», wie es in einer Festschrift heisst, auch sechs Telefonkabinen beitrugen.

Marc Brechtbühl, Profi hinter den Kulissen des Kaufleuten-Betriebs.

In den Siebziger- und beginnenden Achtzigerjahren stand dann dieser eher nüchtern wirkende Saal mangels Nachfrage nach grossen Sälen praktisch leer; die Idee, ein Kino oder ein Kleintheater einzuquartieren zerschlug sich. So nahm der KVZ mit dem Modehaus Beyeler Kontakt auf, worauf man den Saal 1985 zur Lokalität für ein Modegeschäft, später auch für Modeversand, umbaute. Im März 2006 ging das Mietverhältnis zu Ende, was den Weg frei machte für die vom Denkmalschutz begleitete Renovation des Saals. Das reiche Veranstaltungsprogramm im Kaufleuten spielt sich seither zu einem guten Teil im Festsaal ab, von wo auch die Comedy-Sendung «Giaccobo/Müller» des Schweizer Fernsehens auf die Bildschirme des Landes übertragen wird. Das Kaufleuten-Team hat den Mix der Veranstaltungen zur Virtuosität gesteigert und nutzt die Lokalitäten optimal – zuweilen bis zur Zerreissprobe. In Zusammenarbeit mit dem «Tages-Anzeiger» und dessen Kundenkarte «Carte Blanche» werden manche Veranstaltungen propagiert, ob es sich nun um eine spanische Flamencosängerin oder einen rumänischen Pianisten handelt.

Immer wieder sorgt die Presse für Publicity, zum Beispiel in «Das Magazin» mit einer Titelgeschichte «Wir Kinder vom ‹Kaufleuten› – Nieder mit den guten alten Zeiten» *(15/2000)*. Zitat: «Und schon ist man mittendrin im fröhlichen Partyinferno des Zürcher Kaufleuten, wo das höchste Lebensprinzip das Streben nach der augenblicklichen Befriedigung der Sinne ist, wo nicht gefeiert wird, sondern ‹abgefeiert›, wo man nicht tanzt, sondern ‹abtanzt›, um am Ende einer langen Reise durch die Nacht ‹abgestürzt› im Fond eines Taxis einzuschlafen.»

«Das Problem ist die Enge hinter den Kulissen», sagt Brechtbühl beim Rundgang durch das Haus, wo es in den nur dem Personal zugänglichen Bereichen schon am Morgen von Leuten wimmelt. «Durch die hohe Nutzung ist die Abnützung gross, aber wir dürfen den denkmalgeschützten Bau nicht wesentlich verändern.» Das Credo des leitenden Triumvirats sei ein gesunder Betrieb, nicht die Gewinnmaximierung, sagt Brechtbühl: «Wir haben das riesige Vertrauen in den Kaufmännischen Verband Zürich als zuverlässigen Partner, der uns eine langfristige Perspektive ermöglicht.»

Kein leichter Einstieg ins Berufsleben für KV-Lernende

Der KV Schweiz veranlasst 2007 eine Erhebung bei jungen Kaufleuten (Studie zur beruflichen Situation von KV-Absolvent/-innen). Nur knapp die Hälfte findet nach der Lehre nahtlos den Einstieg in einen regulären, unbefristeten Arbeitsvertrag. Alle andern arbeiten in einer Übergangslösung, die meisten befristet, manche immerhin im Lehrbetrieb, 4 Prozent absolvieren ein Praktikum. Dabei handelt es sich nicht selten um normale Arbeitspensen zu Dumpinglöhnen, wogegen sich der Verband seit Jahren wehrt. Firmen, die Praktikantinnen und Praktikanten anstellen, profitieren teilweise von deren Notlage, denn nach einer dreijährigen Lehre, die zu 70 Prozent mit praktischen Tätigkeiten im Betrieb stattfindet, verfügen die jungen Berufsleute bereits über einige Job-Erfahrung. Gemäss der Studie sind 17 Prozent im Herbst nach Lehrabschluss noch nicht erwerbstätig, dies auch wegen Sprachaufenthalten oder der Rekrutenschule; ein Viertel dieser Gruppe steigt gleich in eine Weiterbildung ein. «Die Ausbildungsbereitschaft und das Bewusstsein für die Wichtigkeit der Weiterbildung ist unter den Jugendlichen ausserordentlich hoch», lobt Vera Class, die heute als Leiterin Marketing und Mitglied der Geschäftsleitung des KV Schweiz arbeitet, «etwa 70 Prozent aller Berufseinsteiger/-innen haben bereits Weiterbildungspläne für die nahe Zukunft.» Eine unerfreuliche Erkenntnis der Studie: Schon beim Berufseintritt bestehen in fast allen Branchen deutliche Lohndifferenzen zwischen Frauen und Männern.

Berufsausbildung im Umbruch

René Portenier, Rektor für Grundausbildung an der KV Zürich Business School.

2008 René Portenier, Rektor für die Grundbildung an der KV Zürich Business School, wählt eine Ferienwoche für das Gespräch mit dem Journalisten, dann könne man sich ungestört «open end» unterhalten. Das Schulhaus, wo jetzt rund 4300 Lernende zur Schule gehen, wirkt an diesem Ferientag wie ausgestorben und darum doppelt riesig. Portenier, Jahrgang 1954, arbeitete während zehn Jahren als Sekundarlehrer in Oberengstringen, und anschliessend stand er als Sprachlehrer an den Schweizer Schulen in Barcelona und Lima im Einsatz. Während seines Studiums der Ökonomie an der Universität/Hochschule St. Gallen gab er Unterricht an der dortigen Kantonsschule, dann war er Handelslehrer und wechselte anschliessend für sechs Jahre als Direktor an die Schweizer Schule in Mexiko. Dort lernte er, was es bedeutet, mit einem knappen Budget eine Schule zu führen; der Wegzug eines einzigen Schülers brachte das Budget ins Wanken.

Nach einem Abstecher in die Bankenwelt, wo er in der Ausbildung im Bereich Private Banking international tätig war, übernahm er den Posten des Direktors der Schweizer Schule in Madrid. Seit Februar 2008 ist er nun Rektor Grundbildung der KV Zürich Business School. «Der Praxisbezug gefällt mir, das duale System der Schweiz ist ein grosser Wurf», sagt der Mann, der neben der Leitung der Schule noch Wirtschaftsfächer unterrichtet. Die Lehrtätigkeit ist für den Rektor Pflicht, doch für Portenier offensichtlich ein Vergnügen. Die Zusammenarbeit mit dem Träger der Schule, dem Kaufmännischen Verband Zürich, bezeichnet er als sehr gut, mit Geschäftsleiter Peter Vonlanthen ebenso wie mit dessen Nachfolger Rolf Butz. Gemäss Gesetz ist die berufliche Grundausbildung kostenlos, als öffentliche Schule mit privater Trägerschaft ist die KV Zürich Business School – wie oben ausgeführt – ermächtigt, von Firmen, die Lernende zur schulischen Ausbildung schicken, Lehrfirmenbeiträge einzuziehen.

Supertanker der Berufsbildung: Das Hauptgebäude KV Zürich Business School ist in den letzten Jahren baulich und energetisch saniert worden.

Lernende in der
KV Zürich Business School.

Der renovierte, begrünte Innenhof der KV Zürich Business School wirkt einladend modern.

Generationenwechsel im Lehrkörper

Die KV Zürich Business School steht mitten in einem Generationenwechsel, bereits sind seit 2008 rund 30 von 230 Lehrkräften pensioniert worden. Bis 2015 geht der Ablösungsprozess weiter, denn dann ist die Mehrzahl der Lehrenden, die beim Bezug des Schulhausneubaus 1973 als junge Lehrkräfte einstiegen, im AHV-Alter.

«Da fliesst viel Know-how ab, aber der Umbruch bietet auch eine Chance», sagt Portenier. Ein Drittel der Lehrkräfte ist zusätzlich im Bereich Weiterbildung engagiert, die vorwiegend am Abend und an Samstagen stattfindet.

Der Bund regelt die kaufmännische Grundausbildung

Die Berufsbildung wird seit 1963 eidgenössisch geregelt, der Vollzug ist kantonal. Das neue Eidgenössische Berufsbildungsgesetz aus dem Jahr 2006 sieht die Finanzierung der Berufsbildung über ein Globalbudget vor, zum Beispiel mit einer Schülerpauschale, und fördert damit die Kantonalisierung der Berufsschulen. Der KV Zürich ist jedoch entschlossen, den seit bald 150 Jahren bewährten Weg zu gehen, und bleibt bei der privaten Trägerschaft. Einschneidende Änderungen und eine Erhöhung des wirtschaftlichen Risikos zeichnen sich jedoch ab.

Die Berufsbildung wird vom Bundesamt für Berufsbildung und Technologie gesamtschweizerisch geregelt, für KV-Berufe gilt das Reglement Kaufmann und Kauffrau aus dem Jahr 2003, das im Jahr 2012 durch eine Berufsbildungsverordnung abgelöst werden soll.

Die drei Jahre dauernde Grundbildung umfasst drei Profile: B (Basis), E (Erweiterte Grundausbildung) und M (Berufsmaturität). Das E-Profil verzeichnet die grösste Zahl der Lernenden mit gegenwärtig 36 Parallelklassen pro Jahrgang. Das B-Profil mit nur einer Fremdsprache ist etwas weniger anspruchsvoll, die Ausbildung im Betrieb jedoch gleich wie bei den andern Profilen.

Wer sich auf die Berufsmatur vorbereitet – das sind Lernende in ca. 15 Klassen pro Jahrgang –, kann anschliessend an einer Fachhochschule das Studium aufnehmen. Das duale Berufbildungssystem, wo die Lernenden zwei Tage die Schulbank drücken und drei Tage pro Woche im Betrieb ausgebildet werden, hat in der Wirtschaft einen guten Ruf. Absolventen von Fachhochschulen stechen bei der Jobsuche immer wieder Kandidaten von Universitäten aus.

Sperriger, selbstbewusster KVZ

Die Zusammenarbeit mit dem Kanton gestaltet sich zuweilen schwierig. Hans-Jürg Schilling, von 1987 bis 1997 Leiter des Rechtsdienstes beim kantonalen Berufsbildungsamt, hörte immer wieder Klagen aus der Verwaltung: «Der Kaufmännische Verband Zürich macht, was er will!» Die Friktionen ergaben sich namentlich in der Administration, wo der KVZ eigene Wege ging, die nicht kompatibel mit den Normen des Kantons waren. Unterschiedliche Software, Berechnungsmethoden und Formulare erschwerten die Zusammenarbeit, wie Schilling sich heute erinnert. Beim Kanton gewann man den Eindruck, die öffentliche Hand müsse an den Betrieb und den Ausbau der Schule zahlen und der KVZ agiere nach eigenem Gutdünken. Der Konflikt gipfelte in einer verwaltungsrechtlichen Verfügung, welche den KVZ mit Auflagen zur besseren Kooperation zwang.

Nicht immer kompatibel

Die Führung der KV Zürich Business School mit Schulleitung, Schulkommission und privater Trägerschaft ist ein komplizierter Mechanismus. Die Aufsichtskommission der KVZ-Berufsschule schliesslich, geleitet von einem Präsidenten, mit Vertretern der öffentlichen Hand, der Arbeitgeber- und Arbeitnehmerorganisation, Delegierten der KV Zürich Business School, inklusive der beiden Rektoren und der Lehrerschaft, wacht als oberstes Gremium über den Gang der Schule. «Es ist ein fruchtbares Miteinander, das man jedoch noch verbessern kann», fasst Hans Jörg Höhener zusammen, «die öffentliche Hand lässt dem KVZ innerhalb des gesetzlichen Rahmens die Freiräume.» Dennoch stören zuweilen Friktionen zwischen KVZ und kantonaler Bildungsdirektion die Zusammenarbeit. So waren die Prüfungsdaten des KV-Systems nicht kompatibel mit der kantonalen Schulverwaltungs-Software Eco-open, welche man beim KVZ ablehnte, was unnötige Arbeit und Fehlerquellen zeitigte, wie man auf der Bildungsdirektion bedauert. Der Kanton hätte die Umstellung des Systems bezahlt, aber der KVZ lenkte lange nicht ein. 2009 schliesslich bot der Verband Hand zur Einführung von Eco-open. Während der Kanton das Lehrpersonal bezahlt, ist das Verwaltungspersonal der Business School vom KVZ angestellt. Auch hier geht der Verband einen – für die Mitarbeiter komfortablen – Sonderweg. Die 19 Beschäftigten im Schul- und Sportzentrum, namentlich im Facility Management und im Sekretariat, geniessen die 40-Stunden-Woche und 5 Wochen Ferien, beim Kanton sind es 42,5 Wochenstunden und 4 Wochen Urlaub.

Hans Jörg Höhener, Leiter Abteilung Berufsfachschulen und Weiterbildung im Mittelschul- und Berufsbildungsamt des Kantons Zürich, weist im Gespräch im Kaspar-Escher-Haus darauf hin, dass man unterscheiden müsse zwischen den kleinen kaufmännischen Vereinen im Kanton, wie zum Beispiel Uster oder Wetzikon, und den grossen wie KV Zürich oder Winterthur, die selbstbewusster agierten und den Kanton zuweilen herausforderten.

Überzeugt von der privaten Trägerschaft

«Niemand hier will eine kantonalisierte Schule», bekräftigt Rektor René Portenier gemeinsam mit dem Rektor für die Weiterbildung, Peider Signorell, der für das operative Geschäft der Schule zuständig ist. Damit drückt er das aus, was im KVZ sozusagen als Dogma gilt und jetzt auch beim Kanton unbestritten ist.

Bei der kaufmännischen Ausbildung, wo im Unterricht Lernende von Grossbanken oder Notariaten neben Lernenden aus KMU sitzen, ist Praxisnähe gefragt. Der Kanton steuert gemäss Gesetz jährlich gut 40 Millionen Franken an das Budget bei, der KVZ hat bisher einiges über dem geforderten Minimum von 10 Prozent an Eigenleistung beigetragen, was die Verantwortlichen im Verband selbstbewusst unterstreichen *(siehe 2004)*. Dank der beträchtlichen Eigenleistung hat der KVZ jedoch einen grösseren Gestaltungsspielraum an der Schule, etwa mit Beiträgen an Sprachaufenthalte und zusätzliche Bildungsangebote.

Diese Eigenleistung fällt mit dem neuen kantonalen Einführungsgesetz zum Berufsbildungsgesetz weg, doch die Mehrzahl der Firmen bezahlt die Lehrlingsbeiträge freiwillig weiter, weil sie von der Trägerschaft der Berufsschule durch den KVZ überzeugt ist.

Hans-Jürg Schilling, heute Berufsschulbeauftragter der Bildungsdirektion des Kantons Zürich, der zwei Jahrzehnte Erfahrung in der Zusammenarbeit mit dem KVZ hat, fasst im Gespräch Anfang 2010 seine Einsichten so zusammen: «Ich habe die Vermutung, dass Teile der Aufsichtskommission der KV Zürich Business School und der Geschäftsleitung des KVZ lange Zeit bezüglich der finanziellen Autonomie des Verbandes im Schulbereich eine falsche Selbstwahrnehmung hatten. In den schriftlichen Äusserungen und in den Sitzungen kam kaum je zum Ausdruck, dass der Kanton seit gut zwei Jahrzehnten die kaufmännische Grundausbildung zu praktisch 100 Prozent bezahlt.» Dieser Kantonsbeitrag ist notabene ein gesetzlicher Auftrag.

Geschäftsführer Peter Vonlanthen machte sich von Anfang an für die Trägerschaft der Ausbildungsstätte durch den KVZ stark und vertrat damit die Linie der grossen Mehrheit im Verband und darüber hinaus. Die Wirtschaftsverbände sowie die Parteien der Mitte und auf der rechten Seite des politischen Spektrums im Kantonsparlament unterstützen die Trägerschaft durch den Kaufmännischen Verband Zürich, da man verhindern will, «dass im Kaspar-Escher-Haus über die Zukunft der Berufsbildung entschieden würde», wie es ein Kantonsrat formuliert.

Dank der privaten Trägerschaft ist die KV Zürich Business School etwas bunter und innovativer als andere Berufsschulen. Vonlanthen kommentiert im Gespräch mit dem Autor selbstbewusst: «Ich denke, wir sind der bessere Buchhalter und Pädagoge als ein Beamter des Kantons. Wir haben die Schule erfunden und sie während mehr als hundert Jahren geführt und ausgebaut. Die Risiken trugen wir, die Häuser gehören uns, und wir sind auch jetzt noch in der Lage, die Schule so zu führen, dass sie der Öffentlichkeit mehr nützt, als wenn es eine Staatsschule wäre.»

Hans-Jürg Schilling zieht sein Fazit: «Im Verwaltungsalltag harzte es zwischen dem Kanton und dem KVZ zuweilen ohne Notwendigkeit und gar zum Nachteil für den KVZ.» Doch der kantonale Beamte weiss auch von guter Zusammenarbeit mit dem KVZ zu berichten, beispielsweise im Umgang mit dem Drogenproblem *(siehe 1990)*. Auch in die Weiterentwicklung der kaufmännischen Lehre und Ausbildung investierte der Verband in Zusammenarbeit mit den kantonalen Stellen viel Energie, Know-how und guten Willen. Hans Jörg Höhener: «Da wurde Pionierarbeit geleistet, und die Kooperation mit dem Kanton war und ist in diesem Bereich sehr gut.»

Die KV Zürich Business School unter erhöhtem Konkurrenzdruck

«Bis jetzt fielen die 4300 Lernenden, die unsere Schule besuchen, sozusagen vom Himmel», sagt der Rektor für die Grundausbildung, René Portenier, «das könnte sich in Zukunft ändern, denn das neue Berufsbildungsgesetz öffnet den Markt der Berufsbildung auch für private Anbieter und gestaltet diesen wesentlich dynamischer.»

Im kantonalen Einführungsgesetz zum neuen Eidgenössischen Berufsbildungsgesetz wird die öffentliche Finanzierung der Berufsfachschulen im Sinne einer Leistungsvereinbarung neu geregelt. Damit wird ab 2011 jeweils für eine mehrjährige Periode festgelegt, welches «Produkt» der private Träger der Berufsschule für eine festgelegte Summe des Kantons bereitzustellen hat.

Der Gesamtaufwand der KV Zürich Business School beträgt 62,3 Millionen Franken, daran bezahlt der Kanton 42, 3 Millionen Franken (2009). Die jährliche Zahlung des Kantons an den Betrieb der Ausbildungsstätte wird jetzt neu definiert, im Gespräch sind Kopfpauschalen pro Lernenden oder Pauschalabgeltungen pro Lektion.

Die neue Leistungsvereinbarung erhöht das Risiko für den KVZ, einen Teil der Subventionen zu verlieren, denn in Zukunft ist es auch für private Anbieter möglich, Lernende im kaufmännischen Bereich auszubilden und dafür Subventionen zu beziehen, falls sie die hochgesteckten Vorgaben der Bildungsgesetzgebung erfüllen.

Die private Konkurrenz durch die Kalaidos-Fachhochschule Schweiz mit Akad (Hochschule für Berufstätige), phw (Hochschule Wirtschaft) sowie Athemia (Weiterbildung in Führung und Beziehungsmanagement) und auch durch die Handelsschule Minerva ist in den Startlöchern, um an die staatlichen Honigtöpfe im Bereich berufliche Grundbildung zu gelangen.

Der private Zürcher Anbieter HSO bietet für rund 10 000 Franken pro Jahr für Lernende, die keine Lehrstelle finden, eine Ausbildung mit Praktikum inklusive Stellenvermittlung an; ein Angebot, das die Ausbildungsstätte des Kaufmännischen Verbandes Zürich gegenwärtig nicht hat. Doch auch die KV Zürich Business School ist innovativ in ihrem Angebot und hat jetzt zum Beispiel eine sogenannte Nachholbildung für Berufsleute im Programm, welche die Ausbildung in einer späteren Lebensphase noch absolvieren wollen. Dazu laufen verschiedene Projekte mit alternativen Schulmodellen. So zum Beispiel dient die Schule am Escher-Wyss-Platz als Ausbildungsstätte der Sport Academy Zürich; geplant ist auch eine Sektion mit zweisprachigem Unterricht ab Sommer 2011.

Mit der Öffnung wird also auch die Grundbildung mehr dem Markt ausgesetzt, und damit einem Konkurrenzdruck, den das Weiterbildungssegment schon lange kennt.

Die wachsende Konkurrenz privater Anbieter in der beruflichen Weiterbildung fordert die KV Zürich Business School heraus.

Optimierung des Platzangebotes in der beruflichen Ausbildung

Das Schulhaus am Escher-Wyss-Platz liegt strategisch gut, auch im Hinblick auf die Schulhausplanung des Kantons für den Bereich Berufsbildung. Ähnlich wie bei der Spitalplanung werden Bildungsstätten, teils über die Kantonsgrenzen, zusammengelegt, um die Immobilien besser zu belegen und Synergien zu nutzen. Die Neuordnung der Zusammenarbeit der Schulen führt zur Zusammenlegung der Ausbildung für Berufsgruppen mit nur wenigen Schülern. Ja selbst der Berufsschule für Detailhandel im Zürcher Kreis 6 hilft der KVZ zeitweise mit Räumen aus.

Die Reform der KV-Ausbildung verläuft parallel zur Revision der Berufsmaturverordnung, im Gespräch ist eine eigene KV-Berufsmatur. Mit der Reform der kaufmännischen Grundausbildung wächst das Unterrichtsvolumen, was zu einem höheren Raumbedarf führt. Da das Zürcher Unterland ein grosses Einzugsgebiet für KV-Lernende ist, gründete man die KV Schule Bülach und tauschte eine grössere Zahl von Klassen mit mehreren hundert Lernenden aus der KV Zürich Business School ab.

Deren private Trägerschaft ermöglicht ein breites Angebot neben dem Regelunterricht: Freifächer, Repetenten-, Vorbereitungs-, Stützkurse und Qualifikationsverfahren.

René Portenier ist überzeugt, dass die Schule dank der Trägerschaft des Verbandes ein vielfältigeres Angebot bieten kann und grössere Ausstrahlung besitzt. Portenier: «Der Kaufmännische Verband Zürich ist wegweisend für die ganze Schweiz, darauf können wir stolz sein.»

KV Zürich Business School: Schwergewicht im Bereich Weiterbildung

Seit Jahrzehnten bietet der KVZ ein breites Weiterbildungsangebot. Der Rektor des Weiterbildungszentrums, Peider Signorell, ist Chef von 300 Dozierenden im Weiterbildungspool. Sie stehen mitten in der beruflichen Praxis und können Kurse anbieten, die der permanente Lehrkörper der Schule nicht abdecken kann. Dazu kommen rund 100 interne Lehrkräfte, die auch Lektionen in der Weiterbildung erteilen.

Der studierte Volkswirtschafter führte unter anderem beim ETH-Rat in den Achtzigerjahren die Stabsstelle Personal und plante die personellen Ressourcen der beiden Eidgenössischen Technischen Hochschulen in Zürich und Lausanne sowie den fünf Annex-Anstalten. Anschliessend arbeitete er als Personalchef in der Industrie und wechselte 1991 als Generalsekretär zum KV Schweiz über. Seit 1998 ist Signorell für das Weiterbildungszentrum der KV Zürich Business School verantwortlich.

Die Weiterbildung findet vor allem am Abend statt, was eine optimale Ausnutzung der Räume der Business School ermöglicht. Das 160-seitige aktuelle Semesterprogramm für Weiterbildung zeigt ein riesiges Spektrum in der gesamten Weiterbildungspyramide von der Basis (Niveau 1) bis zum Eidgenössischen Nachdiplomstudium (Niveau 5), jede Weiterbildungsstufe schliesst mit einer Prüfung ab. Die Kursprogramme der Führungsakademie, der Wirtschaftsakademie und der Sprachakademie sind so gegliedert, dass die Interessierten sofort wissen, in welchem Segment der Pyramide der Kurs angesiedelt ist.

«Volkswirtschaftliche Zusammenhänge» zum Beispiel ist ein Basiskurs an sechs Abenden, erteilt von Rektor Peider Signorell. Der Kurs «Altersvorsorge im Spannungsfeld der Finanzkrise» mit der Zielgruppe

Die KV Zürich Business School ist stark in der Grundausbildung wie auch in der Weiterbildung.

Privatpersonen und KMU-Verantwortliche ist im Niveau 4 angesiedelt und wird von einem aussenstehenden Experten geleitet. Rund 400 Kurse umfasst das Semesterprogramm mit mehr als 6000 Lernenden pro Jahr, damit ist die KV Zürich Business School der grösste Anbieter an Weiterbildungsprogrammen auf dem Platz Zürich; Schwerpunkte sind Rechnungswesen und Treuhand.

Die Business School stellt die Weiterbildungsprogramme selber zusammen, alle Bildungsgänge, die mit einer eidgenössisch anerkannten Prüfung enden, benötigen eine Bewilligung des Bundesamtes für Berufsbildung und Technologie (BBT), das wiederum eng mit den entsprechenden Organisationen der Arbeitswelt (ODA) kooperiert, zum Beispiel dem Verband der Buchhalter, mit denen der KVZ bei der Entwicklung neuer Kurse zusammenarbeitet.

Neue Instrumente kommen in der Entwicklung von Bildungsgängen zum Einsatz, zum Beispiel «edupool.ch», die Vereinigung aller kaufmännischen Weiterbildungszentren. Sie entwickelt die Lehrmittel und Bildungsgänge auf unteren Stufen, beispielsweise der Sachbearbeiterstufe, wo Interessenten sich weiterbilden, die noch keine Stelle gefunden und keine praktische Erfahrung haben. Wo Frauen früher in den höheren Spezialausbildungen selten waren, erreicht ihr Anteil heute 50 Prozent. Auch unter den Lehrkräften sind viele Frauen.

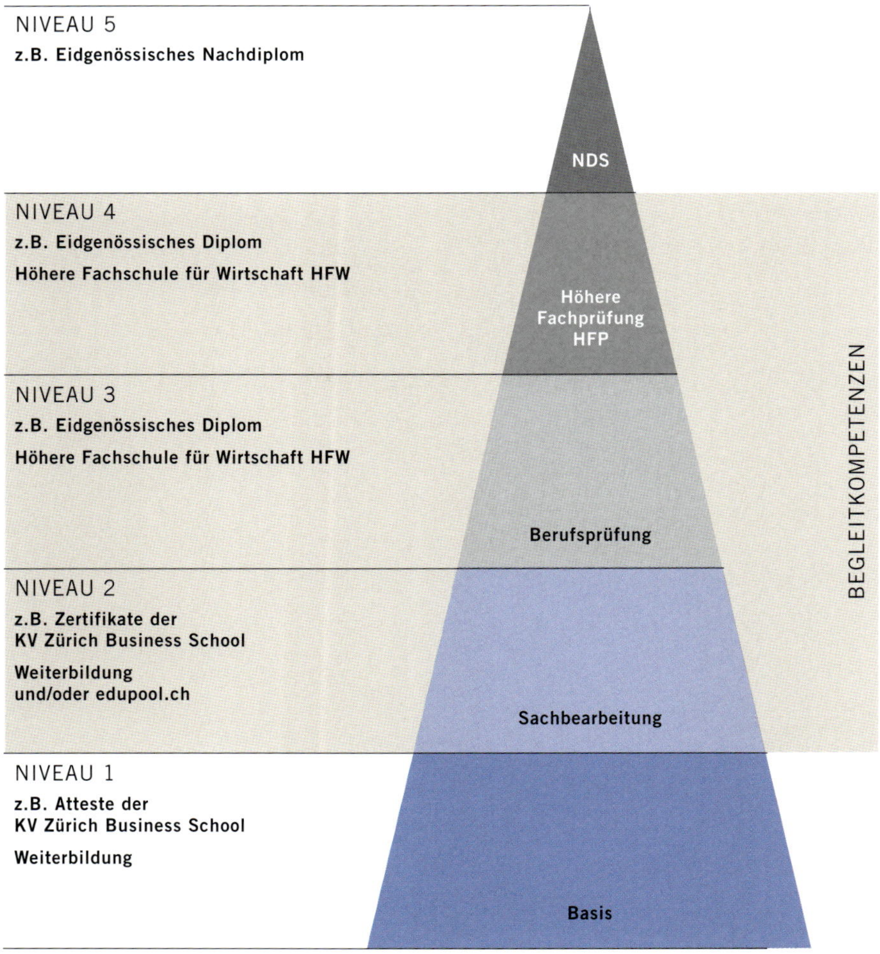

Die kaufmännische Bildungspyramide reicht von der Basisausbildung in der Lehre bis zum Eidgenössischen Nachdiplomstudium an einer Hochschule.

Starke Konkurrenz im Bereich Weiterbildung

Obwohl die Preise für die Kurse marktkonform wirken, wird das Weiterbildungsangebot der KV Zürich Business School zu 20 Prozent vom Kanton subventioniert, was die private Konkurrenz im Weiterbildungssegment kritisiert. Die Löhne der Lehrkräfte sind vom Kanton festgesetzt. Der kantonale Finanzsupport betrifft namentlich die Sprachkurse, wo man mit kleinen Klassen arbeitet, während die Konkurrenz zu weniger gut bezahlten Sprachlehrkräften und oft grösseren Klassen gezwungen ist.

Je höher die Kurse in der Pyramide positioniert sind, desto besser wird der Kostendeckungsgrad; in den oberen Niveaus sind die meisten Kurse für den KVZ profitabel. Mitglieder zahlen immer einen reduzierten Betrag, ein Rabatt, der bei manchen Kursen 10 Prozent betragen kann. «Das Bildungsverständnis unserer Schule ist es, die Handlungskompetenz in den Mittelpunkt zu stellen», schreibt Rektor Peider Signorell im Semesterprogramm Winter 2009/10, «man kann und muss nicht alles wissen, aber man muss mit dem vorhandenen Wissen fähig sein, Neues zu verstehen.»

Schule im besonderen Spannungsfeld

«Die KV Zürich Business School ist privat getragen – ohne Wenn und Aber! –, doch sie ist teilweise öffentlich finanziert», hält Signorell fest, «die Schule steht darum als Unikum der Bildungslandschaft in einem besonderen Spannungsfeld.»

Grosse Konkurrenz erfährt das Weiterbildungsangebot der KV Zürich Business School von den vielen neuen Fachhochschulen, die mit ihren Nachdiplombereichen stark in den Bereich der höheren Berufsbildung vorstossen und vieles anbieten, was auch im Weiterbildungsprogramm des KVZ figuriert. Damit ist ein Titelsammelsurium entstanden, über das selbst Fachleute die Übersicht verloren haben.

Daniel Jositsch, Professor an der Universität Zürich und prominentes Mitglied des KVZ-Vorstandes, kommentiert: «Im Moment ist die Kantonalisierung der KV Zürich Business School kein Thema. Im Bildungswesen gibt es jedoch eine gewisse Dynamik, und das muss man ernst nehmen. Man sollte sich den Tendenzen nicht verschliessen, sonst gilt das gleiche Prinzip wie bei einer Eiche, sie kann lange dem Wind widerstehen, doch plötzlich kippt sie. Der Teil der Business School mit den Weiterbildungsprogrammen muss an Dynamik gewinnen, sonst gibt es diesen Bereich in ein paar Jahren nicht mehr.» Eine extreme Diagnose, die beim Leiter der Weiterbildung dezidierten Widerspruch auslöst. Fakt ist, dass die Konkurrenz für die KV Zürich Business School wächst, in der Grundbildung wie in der Weiterbildung.

Tod von Präsident Hans Hildbrand

Hans Hildbrand, Vizepräsident 2005 und seit 2006 Präsident des Kaufmännischen Verbandes Zürich sowie Vizepräsident der Aufsichtskommission der KV Zürich Business School, verstirbt im Sommer 2008 nach kurzer, schwerer Krankheit. Hildbrand verkörperte mit Herz und Kompetenz das Leitmotiv der Zürcher Kaufleute «Für Bildung und Beruf». Der unerwartete Hinschied hinterliess im KVZ eine riesige Lücke, denn «er war in Schule und Verband durchwegs mit vollem Einsatz in zahlreichen Ressorts und Projekten involviert», wie es im Jahresbericht 2007/08 des KVZ heisst, «er war nicht Amtsträger, sondern Leistungsträger».

Intensives Marketing

2009 «Ich wurde im KVZ ins kalte Wasser geworfen, aber das kannte ich ja schon von früheren Stellen», sagt Marketingchefin Alexandra Meister. In St. Gallen geboren, bildete sie sich nach der Lehre als Sachbearbeiterin weiter. Nach einem Abstecher in die Textilbranche und dem Besuch der Textilfachschule St. Gallen wechselte sie ins Gastgewerbe und übernahm die Leitung eines Hotels. An der Fachhochschule St. Gallen bildete sie sich in Marketing und Betriebswirtschaft weiter, «tastete sich dann in Richtung Zürich vor», wie sie sagt, und heuerte bei der Krankenkasse Swica an, wo sie die Markenführung leitete. Dabei kam sie mit dem KVZ in Kontakt, der ja mit Swica einen Kollektivvertrag abgeschlossen hatte.

Intern vernahm Meister, dass der KVZ eine Leiterin für die Abteilung Marketing und Mitgliederdienst suchte, und meldete sich. Geschäftsführer Vonlanthen engagierte sie, da sie mit ihrem breiten beruflichen Hintergrund und den vielseitigen Interessen dem Wunschprofil entsprach. Sie fand einen verwaisten Arbeitsplatz vor, denn Vera Class-Bachmann hatte nach einem Dutzend Jahren Einsatz das Feld bereits ein paar Monate zuvor geräumt; eine Chance für Alexandra Meister, denn sie konnte ihre Ideen sofort einbringen sowie das Marketing und den Mitgliederdienst neu aufgleisen.

Alexandra Meister

Bei den Mitgliedern herrscht gerade Aufruhr, denn ohne ausreichende Information hat der KVZ den Jahresbeitrag nach dem Abgang von Frau Class von 175 auf 215 Franken erhöht. Gegen den Sturm der Entrüstung hilft auch die Tatsache nichts, dass der Beitrag seit 25 Jahren unverändert geblieben war. Manche verärgerte Mitglieder telefonieren und drohen mit dem Austritt, Meister tut alles, um möglichst viele davon abzuhalten. So nimmt sie mit den Austretenden persönlich Kontakt auf und kann einige dazu bewegen, ihren Entscheid zu revidieren.

Die Erosion der Mitgliederzahlen kann gestoppt werden; von einem Höchststand von 17 500 im Jahr 1989 ist der Bestand der zahlenden Mitglieder auf rund 15 000 abgesunken, wo er mit einigen Wellenbewegungen stagniert. 2008 zählt der KVZ 15 362 zahlende Mitglieder und 3573 Jugendmitglieder. Die Frauen sind mit 10 752 in der Mehrheit.

Neuer Internetauftritt

Marketingchefin Meister setzt alles daran, um das unausgeschöpfte Potenzial der kaufmännischen Angestellten bei Banken, Versicherungen, KMU oder im Verkauf für den Verband zu aktivieren. Sie erneuert mithilfe von Onlinepartner Nemuk den Internetauftritt komplett, man vereinfacht die Navigation und führt aktuelle, im Internet abrufbare Newsletters ein.

Anmeldungen für Kurse erfolgen jetzt mehrheitlich übers Internet. Viele KVZ-Lernende sind via Handy online, ein Trend, dem das neue Marketing Rechnung trägt.

Das Marketingbudget des Kaufmännischen Verbandes Zürich ist knapp und reicht weder für Inserate in Publikumszeitschriften noch für TV-Werbespots. Marketing betreibt man traditionell mit den vielen, durch den KVZ organisierten Veranstaltungen, aber auch mit Events wie dem traditionellen Frühlingsapéro im Kaufleutensaal. Dort unterhalten sich Führungskräfte von Firmen und Verbänden mit leitenden Beamten des Kantons und Journalisten bei feinen Tropfen und Häppchen im edlen Ambiente.

Was ist die Rolle des Verbandes?

Jährlich treten 1200 Lernende ihre erste Stelle an und müssen als zahlende Mitglieder gewonnen werden – eine schwierige Aufgabe in einem Umfeld mit sehr vielen Freizeit- und Bildungsangeboten.

Die Grundsatzfrage stellt sich immer wieder: Was ist die Rolle eines zukunftsfähigen Verbandes? Besserstellung der Mitglieder in der Arbeitswelt, Schulung oder primär Service? *(siehe auch 2011)*.

Alexandra Meister und ihr Team nutzen jede Möglichkeit von der Verbandszeitschrift über Internet und Veranstaltungen bis zum direkten Kontakt, um neue Mitglieder zu werben und bestehende Mitglieder für den Verband zu engagieren.

«In wirtschaftlich harten Zeiten haben Vereine und Verbände erfahrungsgemäss weniger Zulauf», sagt Alexander Tschäppät, ehemaliger Präsident des KV-Schweiz, «der Kaufmännische Verband hat es dann am besten, wenn es allen gut geht und der Jahresbeitrag für die Mitglieder kein Problem ist. In schlechten Zeiten, wo man am stärksten sein sollte, ist es schwer, Leute zu behalten oder dazuzugewinnen.»

Das «Kaufleuten» ist in Zürich und weit über die Stadt hinaus seit den Neunzigerjahren als In-Place bekannt, der Kaufmännische Verband selbst hat nicht diesen Bekanntheitsgrad und wird in der öffentlichen Wahrnehmung oft nicht mit dem Verbandshaus in Verbindung gebracht. Marketing-Chefin Alexandra Meister nutzt deshalb das schillernde Schaufenster im Erdgeschoss wie auch die KV Zürich Business School noch intensiver für Synergien und als Imageträger für den KVZ.

Verlauf des Mitgliederbestandes 1861–2008

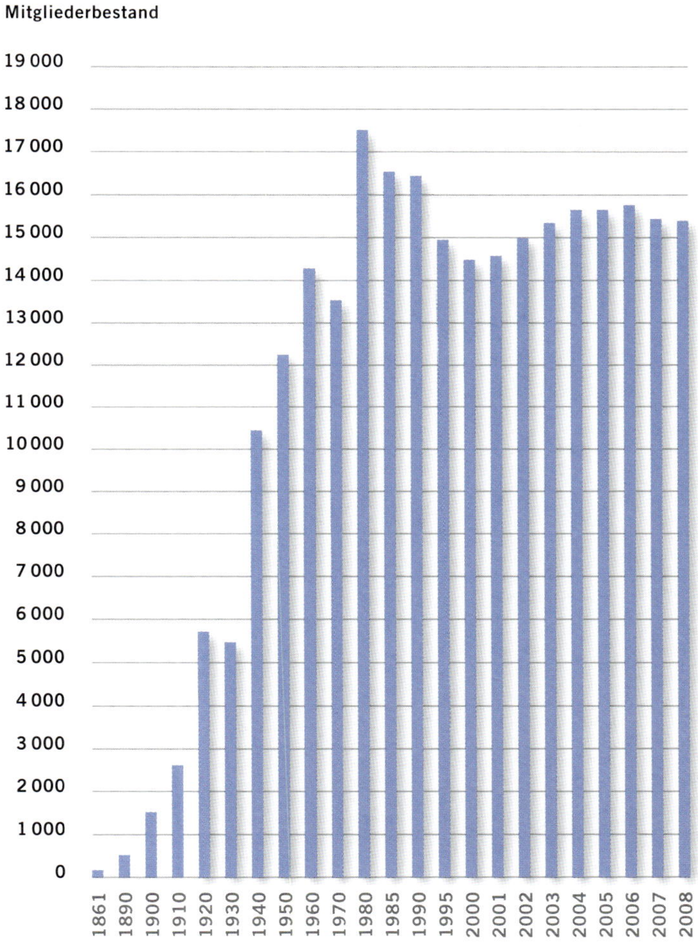

Trotz initiativem Marketing kaum Anstieg der Mitgliederzahlen: Für alle Verbände ist es heute schwierig, Mitglieder zu gewinnen und sie bei der Stange zu halten. Auch der KVZ macht hier keine Ausnahme.

Lücken bei der Altersvorsorge für Frauen

Der KVZ bleibt beim Frauenthema am Ball und organisiert Veranstaltungen wie «Frauen in der Lebensmitte – finanzielle Chancen und Risiken». «Frauen leben länger», steht als Binsenwahrheit in der Vorschau, «doch wovon?»

Unterbrochene Berufsabläufe durch Familiengründung, Pflegezeiten für betagte Angehörige sowie ein niedrigeres Lohnniveau führen bei vielen Frauen schnell zu erheblichen Versorgungslücken, ja zu Armut im Alter. Zusammen mit Expertinnen der Zürcher Kantonalbank veranstaltet der Verband «Tischgespräche» zu einschlägigen Themen, die auch Ehegüter- und Erbrecht umfassen.

Peter Vonlanthen tritt nach 25 Jahren als erfolgreicher, aber auch kontroverser Geschäftsleiter des KVZ ab. Noch bis März 2011 stellt er dem Verband sein Know-how als Präsident zur Verfügung, dann wendet er sich privaten Projekten zu.

Abschied von Peter Vonlanthen

Mit einem grossen Fest im Kaufleuten und einem schrägen Video, das seine Ruhmestaten in Comic-Form darstellt, wird Peter Vonlanthen nach fast einem Vierteljahrhundert im exekutiven Amt verabschiedet. Das Verbandsblatt «wir kaufleute» feiert ihn mit einer Abschiedsnummer «Ciao Peter» mit mehreren Seiten Elogen, zuweilen gewürzt mit einer Prise kritischen Pfeffers auf den scheidenden Geschäftsführer.

Der Mann, der den KVZ so lange prägte, liess den Vorstand und die Präsidentinnen und Präsidenten des Verbandes immer wieder blass aussehen. Alexander Tschäppet, für ein paar Jahre Präsident des Kaufmännischen Verbandes Schweiz, kommentiert: «Der Zürcher Verband war stark dominiert von Geschäftsleiter Peter Vonlanthen, die Präsidenten kamen und gingen.» Nationalrat und Rechtsprofessor Daniel Jositsch, der sich im Vorstand ab und zu gegen den allmächtigen Verbandsleiter stellte, formuliert es im Rückblick in der Wandelhalle des Bundeshauses so: «Die Huldigungen für Peter Vonlanthen muss man ihm nicht vorhalten, viel eher, dass es zu wenig Leute gab, die ein Gegengewicht zu ihm gebildet haben, insbesondere im Vorstand des Verbandes. Peter Vonlanthen hat viel Initiative gezeigt und einiges erreicht, doch der Wechsel war nach einem Vierteljahrhundert sicher richtig.»

Schillernder Boss

Forderte man bei Geschäftsleiter Vonlanthen etwas, das ihm weniger passte, zu forsch ein, stellte man ihn infrage oder griff ihn gar an, musste man als Mitarbeitender über kurz oder lang den Platz räumen. Die, welche in die Chemie des Taktikers und Machtstrategen passten oder schwiegen, liess er an der langen Leine arbeiten, was einen guten Teil der Kreativität und Ausstrahlung und Durchsetzungskraft des Verbandes ausmachte und sein grosses Verdienst ist. KVZ-Marketingleitern Class – den Mädchennamen Bachmann lässt sie heute weg – hatte die ideale Mischung aus Widerstand und Anpassung, um ihre Ideen umzusetzen. Vera Class formuliert es so: «Vonlanthen hat den Mut, unkonventionelle Dinge zu initiieren, und er hat einen Machtinstinkt. Und einen guten Riecher nicht nur für guten Wein, sondern auch für gute Geschäfte.» Peter Vonlanthen sei unkonventionell, kreativ, lasse einen machen, doch gelegentlich poltere er auch, und er lobe selten, hörte der Journalist von verschiedenen Insidern.

Vonlanthen sagte zum Autor: «Ich habe natürlich zu meinen Mitarbeitenden schon gesagt, wir können da drin in meinem Büro diskutieren, da ist Demokratie, aber am Schluss entscheide ich. Das habe ich deutlich gemacht.» Er habe auch manchmal Dinge gegen seinen Willen zugelassen, wenn die Begründung überzeugte, doch das habe dann meistens nicht geklappt.

Die Marketingchefin entwickelt sich persönlich und professionell weiter, was letztendlich, wie sie sagt, zum Abschied vom KVZ führt. «Wenn er etwas wirklich wollte, war das wie die Pranke eines Riesentigers», sagt Vera Class, «ich kündigte im Jahr 2007, als es für mich nicht mehr stimmte. Aber ich habe die Arbeit am KVZ in sehr guter Erinnerung, ich konnte dank Peter Vonlanthen viel umsetzen.» Und mit dieser Erkenntnis ist sie nicht allein.

Vonlanthen wirkt im Rückblick versöhnlich, ja verklärt. «Den Zug zu Lebensfreude und Genuss hatte ich schon immer, auch in meiner kommunistischen, anarchischen Zeit», sagt er im Gespräch mit dem Autor, «ich weiss, ich habe mich auch immer wieder unbeliebt gemacht, ich war nicht richtig einteilbar, für manche war ich suspekt.» Wir unterhalten uns in der Bar des Hotels Central, einem historischen Platz für den Kaufmännischen Verband Zürich, denn im Café Central am selben Ort hatte der frisch gegründete Verein junger Kaufleute anno 1862 Unterrichtsstunden abgehalten.

Peter Vonlanthen gehört auch schon fast zur Historie des Verbandes, hat er doch ein Vierteljahrhundert seiner Geschichte entscheidend mitgeprägt. Für seine Gegner war und ist er ein rotes Tuch, für seine Anhänger eine Art Leitfigur, denn Vonlanthen ist kein verbissener Sozialist, ja seine linke Ideologie ist mit seiner eigenen Lebensführung nicht durchwegs kompatibel. In seinem widersprüchlichen Psychogramm mischen sich Marx und Lebensgenuss, Machtwille und Grosszügigkeit, Kreativität und unerwartete Selbstironie.

Sein Fazit: «Ich stand immer dazu, ich wollte das Leben besser, schöner, farbiger, zärtlicher machen.» Das will er auch in der nächsten Lebensetappe tun, ferne Kontinente bereisen, weiter Devotionalien aus anderen Kulturen sammeln und im eigenen Shop verkaufen. Bis Frühjahr 2011 steht er dem Verband noch als Präsident zur Verfügung, Sein Nachfolger ist Rico Roth, Bereichsleiter im Steueramt der Stadt Zürich, ein Mann mit einem ganz anderen Persönlichkeitsprofil, der sich unter anderem in der KVZ Gruppe «wir vom service public zh» engagiert und seine Kompetenz im KVZ-Vorstand einbringt.

Rico Roth, der neue Präsident des KVZ, tritt sein Amt 2011 an.

Der Verband der Zürcher Handelsfirmen (VZH), der wichtigste Sozialpartner des KVZ

2010 Die Geschäftsstelle des Verbands der Zürcher Handelsfirmen ist in einem stilvoll restaurierten alten Haus im Zürcher Seefeldquartier untergebracht. Geschäftsführerin Martina Wagner Eichin ist Rechtsanwältin, arbeitete beim Gericht, kam dann zu Tamedia als Leiterin des Rechtsdienstes, dann war sie als selbstständige Anwältin tätig, anschliessend in einem grossen Branchen-Arbeitgeberverband und übernahm darauf im Jahr 2006 die Geschäftsleitung des Verbands Zürcher Handelsfirmen. Die zweifache Mutter erläutert in einem Besprechungszimmer mit der Aura einer historischen Patrizierstube die Aufgaben und Anliegen des VZH im neuen Jahrtausend.

Der VZH sei kein Branchenverband, sondern ein regionaler Arbeitgeberverband, hält die Geschäftsführerin fest, manche Mitgliederfirmen sind zudem in Branchenverbänden organisiert und für Arbeitgeberthemen auch beim VZH. Eine ganze Reihe der Mitglieder ist auch im Kaufmännischen Verband Zürich dabei. Sie werden von Berufsleuten geleitet, die nach einer kaufmännischen Grundausbildung jetzt eine Firma führen oder besitzen und die Mitgliedschaft beim KVZ weiterhin beibehalten. Ehemalige und heute noch aktive Spitzenbanker zum Beispiel arbeiteten sich nach einer Banklehre mit Mitgliedschaft im Kaufmännischen Verband ganz nach oben – und stürzten teilweise wieder tief ab. «Dieses zusätzliche Lehrgeld bezahlt heute zu einem beträchtlichen Teil der Steuerzahler», kommentiert maliziös VZH-Präsident Andres Iten anlässlich der Generalversammlung vom Mai 2009. Die Thematik der privatisierten Gewinne und der sozialisierten Verluste hat KVZ-Geschäftsleiter Peter Vonlanthen im Verbandsblatt immer wieder

Andres Iten, Präsident VZH

ätzend kommentiert. Einzelne seiner wirtschaftskritischen Leitartikel seien allerdings für den Verband der Zürcher Handelsfirmen schwer verdaulich gewesen, räumt Frau Wagner Eichin im Rückblick ein.

Der VZH ist ein wichtiger Player unter den Arbeitgeber- und Wirtschaftsorganisationen des Kantons Zürich und der Schweiz, zu denen auf Landesebene unter anderem «economiesuisse» sowie der Schweizer Arbeitgeberverband und auf kantonaler Ebene die Zürcher Handelskammer gehören.

Geschäftsstelle des VZH (von links) Sabine Brandt, Leiterin Sekretariat; Lea Camenisch, Sekretariat; Raphael Spring, Rechtsanwalt, jur. Sekretär; Martina Wagner Eichin, Rechtsanwältin, Geschäftsleiterin; Alfred Müller, Rechtsanwalt, jur. Sekretär a.i.

Gesamtarbeitsvertrag, ausgehandelt von VZH und KVZ

Den Gesamtarbeitsvertrag für das Personal der angeschlossenen Firmen handeln KVZ und VZH seit Jahrzehnten aus. Dies einerseits für das kaufmännische und das kaufmännisch-technische Personal sowie das Verkaufspersonal im Detailhandel; der GAV für die Handelsreisenden verliert jedoch an Bedeutung, da der Stellenwert dieses Berufes abnimmt. Eine gemeinsame paritätische Kommission handelt die Gesamtarbeitsverträge aus, die für die Arbeitgeber von grosser Bedeutung sind, da sie neuzeitliche, flexible und massvolle Anstellungsbedingungen für die betroffenen Betriebe schaffen. Auch Lehrlingslöhne und Mindestlöhne für kaufmännische Angestellte werden im GAV festgeschrieben; der ausgehandelte GAV ist aber kein starres Korsett.

Rund 2300 Mitgliederfirmen sind beim Verband der Zürcher Handelsfirmen angeschlossen, wobei ca. 60 Prozent bis zu 10 Mitarbeitende beschäftigen und nur 15 Prozent über 50. Die grosse Mehrheit der Unternehmen sind KMU, doch auch Grossunternehmen wie Banken und Versicherungen sind beim Verband Zürcher Handelsfirmen angeschlossen.

Manche Detailhandelsfirmen sind sowohl beim VZH wie der City Vereinigung organisiert, einem Dachverband verschiedener Strassen- und Quartiervereinigungen sowie einzelner Branchen und Berufsverbände in der Zürcher Innenstadt. Eine wichtige Dienstleistung des VZH ist die Rechtsberatung durch erfahrene Anwälte, welche die Mitglieder in Streitfällen anfangs mit unentgeltlicher Rechtsauskunft beraten und – falls sich die Parteien nicht gütlich einigen können – später den Prozess führen.

Die Zusammenarbeit mit dem KVZ schildert Martina Wagner Eichin als konstruktiv. «Wir streiten zwar auch manchmal, die lange bewährte Sozialpartnerschaft funktioniert dennoch fast reibungslos.» Mit Peter Vonlanthen arbeitete sie gerne zusammen, wie sie sich erinnert, man wusste, woran man war, er habe seine Meinung nicht selten polternd, aber mit Feuer vertreten: «Wenn man mit ihm etwas vereinbarte, dann galt es.» Mit dem neuen Geschäftsführer Rolf Butz, der einen nüchterneren Stil pflege, liess sich die Zusammenarbeit gut an. Er hat mit seinem Werdegang an der Spitze von Gemeindeverwaltungen einen anderen Hintergrund, meint die Geschäftsführerin des VZH. «Wir wollen die Zusammenarbeit konstruktiv wie bisher weiterführen. Wir reden miteinander, auch oft am Telefon, versuchen uns zu einigen und gehen bei Differenzen nicht an die Medien», erklärt Martina Wagner Eichin, «die gemeinsame Kultur der Sozialpartnerschaft wird bleiben.»

Stolz auf die KV Zürich Business School

Der KVZ ist keine Gewerkschaft, was die Verantwortlichen immer wieder betonen, sondern eine Berufsorganisation, mit welcher der VZH viele gemeinsame Interessen hat. «Wir sind stolz darauf, einen Sozialpartner zu haben, der eine derart gute Schule wie die KV Zürich Business School führt», meint Geschäftsleiterin Wagner Eichin.

Der Verband Zürcher Handelsfirmen ist in der Aufsichtskommission der Ausbildungsstätte vertreten, wo sich die Spitzen der beiden Verbände mit den kantonalen Vertretern austauschen und Entscheide fällen. Für den VZH ist klar, dass die KV Zürich Business School privat bleiben, also auch in Zukunft vom KVZ getragen werden soll. Dank dieser Unabhängigkeit könne die Schule besondere Dienstleistungen erbringen, ist Frau Wagner Eichin überzeugt. Zu dieser Unabhängigkeit leistet der Verband

Zürcher Handelsfirmen einiges, indem die Mitglieder dem KVZ einen Beitrag von aktuell 700 Franken pro Jahr für jeden Lehrling überweisen, der dann – wie beschrieben – als Eigenleistung zu Buche schlägt. «Ich sage ausdrücklich Lehrling», betont Martina Wagner, «die Bezeichnung ‹Lernende› finde ich unglücklich, ich selber bin ja mein Leben lang eine Lernende.»

Der Präsident des VZH, Andres Iten, legt grossen Wert auf eine zeitgemässe Berufsbildung und appelliert an seine Mitglieder, mehr Junge auszubilden. Betriebe, die darauf verzichten, sollen in einen Bildungsfonds einzahlen, für den die Stimmbürger des Kantons Zürich durch die Annahme des Einführungsgesetzes zum Berufsbildungsgesetz anlässlich der Volksabstimmung im Herbst 2008 grünes Licht gaben.

Passage der KVZ Business School: Praktische Lehre und fachliche Ausbildung sind die Säulen des erfolgreichen dualen Systems der Schweiz.

Hinter den Kulissen der KV Zürich Business School

Die Leitzentrale im Bauch der KV Zürich Business School gleicht dem Führerstand eines Kreuzfahrtschiffes. Displays zeigen Temperaturen, Druck und Luftfeuchtigkeit an, von hier aus werden Zugangstüren gesteuert, auf Bildschirmen sind strategische Punkte des Komplexes sichtbar. Alle technischen Anlagen sind mit dem Leitsystem der Gebäudeautomation vernetzt, was unter anderem eine konsequente Energiebewirtschaftung ermöglicht.

Rolf Ketterer, einer der drei Betriebsleitungsmitglieder der Schule, führt uns durch die Unterwelt des riesigen Gebäudes. An Werkstätten geht es vorbei zur Abfallpresse, die pro Schultag rund 2 Container mit fest gepressten Abfällen füllt, 520 Stück im Jahr. Dazu kommen noch 360 Container Karton und Altpapier, 12 Container Grünzeug und 250 Säcke à 360 Liter gepresste PET-Flaschen. Die Schule, die von rund 8000 Lernenden besucht wird, verbraucht im Jahr 25 000 Kubikmeter Wasser und so viel Strom und Gas wie ein ganzes Dorf.

Rolf Ketterer, einer der drei Betriebsleiter der KV Zürich Business School. Er und seine Mitarbeiter sorgen für das Funktionieren der Technik im riesigen Gebäude.

Ketterer, Jahrgang 1948, kam 1991 ins Facility Management der KV Zürich Business School. Zusammen mit den weiteren Mitgliedern der Betriebsleitung, Edi Scherer, zuständig für die Technik, und Viktor Müller für Unterhalt und Reinigung, sind insgesamt 16 Personen im Facility Management der Berufsschule tätig, unter «vorbildlichen Bedingungen» ihres Arbeitgebers, dem Kaufmännischen Verband Zürich, wie Ketterer lobt. Dazu gehören weitgehende Freiheit in der Arbeitsaufteilung, grosszügige Ferienregelungen und gute Saläre.

Die KV Zürich Business School mit ihren 72 Schulzimmern, der Aula, den Hörsälen, der Mensa und Mediothek sowie vielen Nebenräumen, den 4 Turnhallen, dem Hallenbad und dem Parkhaus ist in das auf 6 Jahre ausgelegte Energiesparprogramm Energo integriert. Das Programm schreibt durch Optimierung von Heizung, Beleuchtung und Isolation Energieeinsparungen von jährlich 2 Prozent vor. Das riesige Schulhaus ist in den Siebzigerjahren auf eine energieintensive Vollklimatisierung ausgelegt worden, inzwischen baute man das System auf natürliche Lüftung zurück, lediglich die Aula und wenige weitere gefangene Räume werden weiterhin klimatisiert. Die Zürcher Firma Polke, Ziege, von Moos AG, Spezialisten für Gebäudetechnik, sanierten in Zusammenarbeit mit der S+M Architekten AG und dem Hochbauamt des Kantons Zürich von 1998 bis 2007 die Fassaden und die Haustechnik sowie Lüftung und Wärmeerzeugung und den Brandschutz. Mit der umfassenden Sanierung machte man das Gebäude der KV Zürich Business School fit für die Zukunft.

Ketterer hat den Wandel an der Schule aus seiner besonderen Perspektive über viele Jahre beobachtet. Die Schülerinnen und Schüler erlebt er oft als typische Angehörige der Konsumgesellschaft, ohne weiteres Engagement, wie ihm scheint. Nicht selten würden Abfälle gedankenlos weggeworfen; ja man müsse von jungen Abfallsündern sogar so zynische Sprüche hören wie: «Seid froh, wir schaffen euch Arbeitsplätze.» Die Schule andrerseits zeige weniger Toleranz bei Nachlässigkeiten, schnell würden Mahnungen und Verweise ausgesprochen.

Das Drogenproblem habe abgenommen, dafür werde mehr Alkohol konsumiert, beobachtet Ketterer. Der Facility Manager erklärt sich das Phänomen damit, dass die Lernenden heute beruflich sehr gefordert sind und deshalb ihre Freizeit einfach geniessen wollten, mehr nicht. Wir schliessen den Rundgang auf der Dachterrasse mit Blick auf das boomende Stadtquartier Zürich-West, wo sich viele Kräne über den Dächern drehen. Die KV Zürich Business School, einst sozusagen im Niemandsland der Stadt geplant, liegt heute inmitten eines sich im Aufbruch befindenden Stadtteils.

Arbeit des KVZ mit den Jungen

Als ich mit Carole Fässler zum Gespräch verabredet bin, beleben Schnupperlernende, wie die einstigen Schnupperlehrlinge seit der KV-Reform korrekt heissen, die Verwaltungsbüros des Verbandes. Die junge Frau ist zuständig für die Jugendarbeit im KVZ und voll motiviert. Sie besucht Klassen an der KV Zürich Business School und stellt ihnen den Verband vor. Wenn sich 1200 Sekundarschüler, die bald eine Lehre antreten, in der Business School einschreiben, weibelt sie für den Verband, wo die Lernenden kostenlos Mitglieder sind, und motiviert die Jungen, aktiv mitzutun.

Fässler, die vorher im Transportbereich, in einer handfesten, von Männern dominierten Branche arbeitete, empfand den KVZ anfangs als zu ruhig, «tranquillo, tranquillo, eins nach dem andern und nicht zu schnell». Sie habe aber inzwischen einige Zacken zugelegt, sagt sie, der KVZ lasse ihr den Freiraum.

Carole Fässler

In der letzten Woche vor der Lehrabschlussprüfung (LAP) Ende Mai bietet der Verband den schon nervösen Schülern jeweils in der Zehn-Uhr-Pause Tanz und Akrobatik, um die Schüler für die bevorstehende Prüfung zu motivieren – eine weitere gute Idee der Jugendunterstützung. «Ich erlebe die heutige Jugend als sehr ruhig», sagt Carole Fässler, die ja nur wenige Jahre älter ist als die Lernenden, «man spürt extrem stark, wie ernst die Jungen heute ihre Lehre nehmen, die meisten sind dankbar, dass sie eine Lehrstelle gefunden haben.»

Hilfe bei Prüfungsangst

Der KVZ hilft den Lernenden in Zusammenarbeit mit der Jugendgruppe «Bonsai-Connection» zum Beispiel mit dem Kurs «Prüfungsangst? – So schaffst du dein QV!». Der Kürzel QV bedeutet «die grosse Prüfung», vor der viele Lernende grossen Respekt bekunden. Unter der Leitung der Berufsfachschullehrerin Monika Bär lernen sie in einem Abendkurs, mit Prüfungsstress und Prüfungsangst umgehen.

Carole Fässler wird zuweilen auch mit Problemen konfrontiert; denn manchmal gehen die Heranwachsenden in totale Opposition zu Elternhaus und Lehrfirma, weigern sich zu reden und die Zeugnisse zu zeigen. Auch gibt es Lehrfirmen, die Probleme machen. Wenn etwa Lernende ausgenützt werden, erfährt die Jugendbeauftragte das oft als Erste und gibt solche Fälle jeweils an den Rechtsdienst weiter, der die betreffenden Unternehmen zuerst verwarnt. In seltenen Fällen kommt es zur Auflösung des Lehrverhältnisses.

Gemeinsam mit den Jugendlichen und dem langjährigen, sturmerprobten Mitarbeiter Christian Heusser gestaltet Carole Fässler die Jugendzeitschrift «Staubsuuger». Sie setzt sich dafür ein, die jungen Menschen nach dem Lehrabschluss für den Verband zu gewinnen, dabei arbeitet sie mit dem Geschäftsleiter und Madleina Capaul von der Marketingabteilung zusammen, welche die Gruppe junger Kaufleute betreut. Der Sprung von der Gratismitgliedschaft zum vollen Jahresbeitrag der Berufstätigen sei gross, räumt sie ein, und viele beschliessen nach bestandener Prüfung, dieses Geld anderweitig auszugeben. Fässler stellt den zukünftigen Mitgliedern darum ein Startpaket zusammen, mit Gutscheinen für Budgetberatung, Laufbahnhilfe etc., und sie versucht, mit Newsletters über E-Mail an die Jungen heranzukommen und sie im Verband bei der Stange zu halten.

Stetiger Einsatz des KVZ für das duale System

Auf Verbandsebene setzt man sich nach wie vor aktiv für das duale System von praktischer Ausbildung in Betrieb und Schule ein. Daran möchte man auch in Zukunft festhalten, was gar nicht so einfach ist. Namentlich die Herausgabe des Weissbuches «Zukunft Bildung Schweiz» der Akademien der Wissenschaften Schweiz und des Schweizerischen Nationalfonds vom August 2009 sorgt für Aufruhr, denn hier wird ausser einer Vereinfachung und Vereinheitlichung der Strukturen des gesamten Bildungssystems eine Maturitätsquote von über zwei Drittel bis zum Jahr 2030 gefordert.

Der KVZ reagiert mit einer breiten Diskussion und mit der Schrift «Berufsbildung: ‹Auslaufmodell oder Zukunftsprojekt›» *(Schriftenreihe des KVZ 1/10)*, wo fünf Experten das duale System und seine Zukunft bewerten. Mit Vehemenz und überzeugenden Argumenten verteidigen die Autoren das System, das sich ja mit der Berufsmatur der weiterführenden Ausbildung an Fachhochschulen öffnet.

Länder mit hoher Maturitätsquote – zum Beispiel Finnland oder Frankreich – verzeichnen eine bedeutend höhere Arbeitslosigkeit bei jungen Menschen als die Schweiz. Dies ist ein weiteres Argument für das Konzept der praktischen Lehre kombiniert mit Unterricht.

Offizielle Bildungssystematik und Organisation der Ausbildungswege

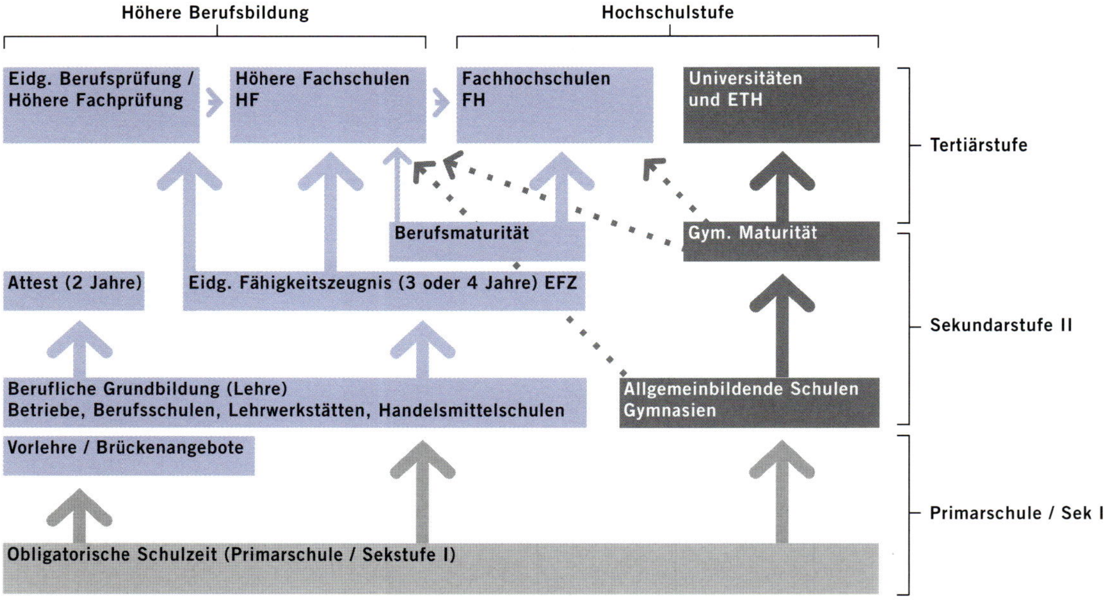

Durchlässiges Schweizer Bildungssystem, wo auch die kaufmännischen Berufe Aufstiegsmöglichkeiten bis zu den Hochschulen bieten.

Der Weg zur Wissensgesellschaft prägt längst auch die Ausbildungsgänge der Grundbildung für Lernende, was ein Blick auf die Lehrpläne der Grundausbildung der KV Zürich Business School zeigt.

Daniel Jositsch sagt: «Der Kaufmännische Verband repräsentiert die Bildung in einem Sektor, der für Zürich als Dienstleistungsstadt wichtig ist, der KVZ ist ein Erfolgsmodell und hat Zukunft.»

Martin Arnold, Geschäftsleiter Kantonaler Gewerbeverband Zürich, schreibt im aktuellen Buch zum dualen System: «Es gilt also, dieses bewährte Modell mit Sorgfalt, Umsicht und frei von ideologischen Scheuklappen weiterzuentwickeln und den künftigen Anforderungen anzupassen.»

Der KVZ, ein Riese unter den kaufmännischen Sektionen der Schweiz (Stand 2010)

Kaufmännischer Verband Zürich Stadt	14 500	Mitglieder
Zürich Land/Schaffhausen*	5 040	
Bern	7 960	
Mittelland	5 800	
Zentralschweiz	5 450	
Baselstadt	3 740	
Romandie	3 740	
Ost	3 700	
Südostschweiz	1 340	
Tessin	930	

*Zürich Land umfasst den KV Winterthur (2450), Uster (260), Wetzikon/Rüti (370), KV Zürichsee linkes Ufer (310)
Der KV Schaffhausen zählt 1650 Mitglieder

Der Trend geht zu grösserer Zusammenarbeit unter den einzelnen Sektionen und unter dem Schirm des SKV, diskutiert wird auch die Fusion einzelner Sektionen.

Nur zwei von drei KV-Lehrabgängern finden rasch eine feste Anstellung

Trotz wirtschaftlichem Aufschwung haben sich die Job-Aussichten für KV-Absolventen 2010 nur leicht verbessert. Dies ergibt eine repräsentative Umfrage des KV Schweiz unter 2000 Lehrabgängerinnen und Lehrabgängern im Lande. Lediglich die Hälfte der KV-Absolventen wird vom Lehrbetrieb weiterbeschäftigt, nur gerade 14 Prozent finden umgehend bei einem neuen Betrieb eine Anstellung, doch von diesen jungen kaufmännischen Berufsleuten muss sich jede und jeder Dritte mit einem befristeten Arbeitsverhältnis begnügen.

Oft wird – naturgemäss noch nicht vorhandene – Berufserfahrung verlangt, andere Betriebe scheuen die Einarbeitung. Auch kritische Stimmen zur Ausbildung sind zu hören.

«Die klassische KV-Lehre garantiert keine Stelle mehr – trotzdem werden Lehrlinge en masse ausgebildet», wird der Chef von Adecco Schweiz Michael Agoras im «Tages-Anzeiger» zitiert *(11. September 2010)*. Die Nachfrage nach KV-Lehrstellen übersteigt dennoch das Angebot, sodass manche Schüler gezwungen sind, zur Überbrückung ein 10. Schuljahr anzuhängen. Namentlich die Banken bieten weniger KV-Lehrstellen an, stattdessen gewinnt die Berufsmatur an Terrain. Doch die meisten KV-Absolventen finden schliesslich einen Job; 2009 fanden ein halbes Jahr nach dem Abschluss der Lehre 90 Prozent der Absolventen eine Anstellung.

Mario Fehr, Präsident des Kaufmännischen Verbandes Schweiz, plädiert in der «Neuen Zürcher Zeitung» *(3. Juni 2010)* für mehr öffentliche Mittel für die höhere Berufsbildung: «Nur rund ein halbes Prozent der öffentlichen Bildungsausgaben fliesst ihr (der höheren Berufsbildung) zu, obwohl die Zahl der eidgenössischen Fachausweise und Diplome (‹Meisterprüfungen›) etwa den Abschlusszahlen der Hochschulen entspricht. Das ist nicht nur ungerecht, sondern ökonomisch völlig falsch.» Fehrs Fazit: «Unser Land braucht dringend eine Weiterbildungsoffensive.»

Das grosse Finale im Hallenstadion: 1352 erfolgreiche KV-Lehrabschlüsse

12. Juli 2010: Ins Zürcher Hallenstadion strömen Scharen junger Menschen, viele Frauen sind elegant gestylt, andere sportlich, die Männer in legerer Sommerkleidung. Auf allen Gesichtern ist freudige Aufregung abzulesen, denn heute Abend ist Abschlussfeier der KV Zürich Business School. Exakt 1352 Lernende aus 300 unterschiedlichsten Betrieben von der Sanitärfirma über das Reisebüro bis zur Grossbank oder der kantonalen Verwaltung nehmen ihr Diplom zum erfolgreichen Abschluss der Lehre in Empfang.

Das Hallenstadion ist mit gegen viertausend Menschen besetzt wie bei einem Popkonzert; denn Freunde und Freundinnen, Eltern und Paten begleiten die Absolventen. Durch das Programm führt die Berufsmatur-Absolventin BM2 Fabienne Wernly; die Band No Devils heizt die Stimmung an, Kelly Hauser, Lehrtochter bei der Zürcher Kantonalbank, erntet mit ihren Songs Ovationen. Der Geschäftsleiter des KVZ, Rolf Butz, zieht als Gastreferent Quervergleiche von der kaufmännische Ausbildung zum Sport, führt den jungen Berufsabsolventen vor Augen, dass man nicht immer nur gewinnen kann, jedoch mit Fairness und Einsatzwillen vorankommt.

Die Spannung steigt, nach einer weiteren Popeinlage werden die Absolventinnen und Absolventen mit einer Durchschnittsnote von mindestens 5,3 geehrt, diese rund fünfzig Erfolgreichsten haben es in den «Rang» geschafft und ihr besonderes Diplom, überreicht mit einer Rose, mehr als verdient. Über 90 Prozent der Angemeldeten haben die Prüfung in den Abteilungen B-Profil, E-Profil, Berufsmatura M-Profil, Berufsmatura Erwachsene, M2A und Berufsmatura Erwachsene M2B bestanden und erhalten ihr Diplom, eine noch etwas höhere Quote als letztes Jahr, wie Rektor Portenier unter tosendem Applaus betont. Den Gestrauchelten bietet sich eine zweite Chance.

Vera Class, die Präsidentin der Prüfungskommission, weist darauf hin, dass hinter diesen Leistungen Teamarbeit steckt und Hunderte von Lehrern sowie die Verantwortlichen aus vielen Unternehmen, früher Lehrmeister genannt, am Prüfungserfolg mitbeteiligt sind.

Eine ausgelassene Party, die später im «Kaufleuten» ihre Fortsetzung bis weit nach Mitternacht findet, beschliesst für die Glücklichen den Abschluss der Lehrzeit.

Stolz und Freude über das hart erarbeitete kaufmännische Diplom nach der Abschlussfeier vom 12. Juli 2010 im Hallenstadion.

Bereit für eine kaufmännische Berufslaufbahn: Abschlussparty in der KV Zürich Business School.

Mit dem neuen Geschäftsleiter Rolf Butz in die Zukunft

2011 Seit einem guten Jahr ist er im Amt, Rolf Butz, der neue Geschäftsleiter des KVZ, als wir die Gespräche zum vorliegenden Jubiläumsbuch führen. Der neue Mann am Steuer des grössten Berufsverbandes auf dem Platz Zürich sieht sich nicht als Patron, sondern eher als Primus inter Pares, und in seiner Funktion als Geschäftsführer eines Verbandes als Leiter eines Teams. «Ich will mit meinen Mitarbeitenden Projekte entwickeln, Ziele vereinbaren und gemeinsam Erfolge feiern – engagiert, offen und kundenorientiert.»

Butz, Jahrgang 1954 und Bürger von Uster, Hombrechtikon und Rafz, wie in seiner Kurzbiografie steht, absolvierte eine kaufmännische Lehre in der Stadtverwaltung Uster, war dann in verschiedenen Tätigkeiten in zürcherischen Gemeindeverwaltungen tätig und amtete anschliessend während knapp zehn Jahren als Gemeindeschreiber der 8000-Seelen-Gemeinde Hombrechtikon und von 1996 bis 2003 als Stadtschreiber und Geschäftsleiter der Stadtverwaltung Bülach, wo er als neues Instrument die wirkungsorientierte Verwaltungsführung etablierte. Der Bezirkshauptort Bülach profitiert im Sog des Flughafens von einer starken Entwicklung, die Butz hautnah miterlebte und mitprägte.

Rolf Butz, der neue KVZ-Geschäftsleiter, pflegt einen modernen Führungsstil.

Dann übernahm er die Position des Verwaltungsdirektors der Zürcher Hochschule Winterthur (ZHW) mit 800 Mitarbeitenden und 4000 Studenten, die sich im Prozess des Wandels und der Öffnung befand. Nach diesem «Lehrblätz», wie Butz es nennt, wechselte er in die Position des Stadtschreibers nach Dübendorf, einer weiteren Boom-Gemeinde im Metropolitan-Raum von Zürich. Anschliessend eröffnete sich die Chance, als Geschäftsleiter beim Kaufmännischen Verband Zürich Verantwortung zu übernehmen. Daniel Jositsch, der in der Auswahlkommission sass, erklärt, dass es bei Strukturen, wie sie der KVZ aufweise, besser sei, eine Persönlichkeit von aussen in die Chefposition zu wählen. So entschied sich das Gremium trotz interner Kandidaten für Rolf Butz, der die Stelle 2009 antrat und Peter Vonlanthen ablöste. Rolf Butz bringt einen neuen Stil und neue Perspektiven für den Kaufmännischen Verband Zürich.

«Engagierte Mitarbeitende»

Was hat Rolf Butz angetroffen? «Viele engagierte Mitarbeiterinnen und Mitarbeiter im Geschäftssitz und an der Business School und ein sehr vielseitiges Aufgabengebiet», sagt er spontan, «es ist ein Verband für Beruf und Bildung, das spürt man hier sofort.»

Butz gefällt die Mischung von älteren erfahrenen Mitarbeitenden und jungen Kräften. Die Arbeitsbedingungen, die Löhne, Sozialleistungen sind bei diesem Verband überdurchschnittlich. Ein Hauch von Nachdenklichkeit fliegt über sein Gesicht: «Da ist viel Zuverlässigkeit, aber auch eine gewisse Trägheit. Wir wollen innovativer werden, noch mehr vorangehen. Wir sind noch nicht so weit, wie wir sein sollten.»

Der Kaufmännische Verband Zürich, das Flaggschiff des KV Schweiz, braucht also neuen Schub, obwohl er kaum Konkurrenz zu fürchten hat. Auffallend ist dennoch, dass sich die Zahl der KVZ-Mitglieder seit vielen Jahren um die 15 000 bewegt. Je tragfähiger die Basis, desto stärker der Verband, davon ist Butz überzeugt. «Der Kaufmännische Verband Zürich soll aktiv die persönliche und berufliche Entwicklung der Mitglieder unterstützen und kompromisslos als Berufsverband die Interessen der in kaufmännischen Berufen Beschäftigten vertreten», sagt der neue Geschäftsleiter, «der KVZ ist keine Gewerkschaft, sondern eine Berufsorganisation. Wir helfen unseren Mitgliedern bei der individuellen Laufbahnplanung durch Beratung und Kontakte in unserem grossen Netzwerk, die Mitglieder sind bei uns gut aufgehoben und bei Schwierigkeiten geniessen sie Rückhalt und Sicherheit.» Wichtig ist Rolf Butz der Grundauftrag des KVZ, für alle eine faire und zukunftsorientierte Arbeitswelt zu sichern, wobei die KVZ-Mitglieder durch das zusätzliche Angebot und manche Vergünstigungen einen Mehrwert erhalten.

Konsequenzen aus einer aktuellen Mitgliederbefragung

Aufgrund einer aktuellen Mitgliederbefragung *(WK 12/2010)* wird der KVZ sein Angebot überprüfen, anpassen und weiterentwickeln. 6000 Mitglieder wurden in der bisher umfangreichsten Befragung gebeten, online ihre Meinung über den Verband abzugeben, die Rücklaufquote betrug 23 Prozent. Insgesamt wird der Kaufmännische Verband Zürich als traditionelle, Vertrauen erweckende und zuverlässig arbeitende Institution beurteilt. Weniger ausgeprägt erscheinen im Urteil der Mitglieder Engagement und Dynamik des KVZ, und die jungen Mitglieder finden, das Angebot des Berufsverbandes sei stark an den Bedürfnissen der älteren Generation orientiert. Dabei kennen die Lernenden die Angebote des Verbandes kaum, wie die Studie klar zeigt. Der KVZ bietet ihnen zum Beispiel beträchtliche Vergünstigungen, die von Abos für den öffentlichen Verkehr bis zu Preisreduktionen bei kulturellen Veranstaltungen reichen.

Die Jungen wünschen sich mehr Beratung beim Berufseinstieg, was der KVZ neu mit der Einrichtung eines Beratungszentrums für Lehrlinge und einem Infocenter in der Berufsschule abdeckt. Mit Sprachcamps im Ausland werden Lernende zudem auf die Abschlussprüfung (QV) vorbereitet. Gefragt sind Anlässe, bei denen man andere Mitglieder kennenlernen und Erfahrungen austauschen kann, weshalb der Verband das Veranstaltungsangebot für Lernende und jüngere Mitglieder überarbeiten will. Die Online-Umfrage zeigt im Übrigen den ausgeprägten Wunsch der Mitglieder nach mehr öffentlichem Engagement des Verbandes für die Belange der kaufmännischen Angestellten.

«Wir müssen unser Profil in der Öffentlichkeit schärfen und auch unsere Kompetenz in der dualen Berufsbildung und der Weiterbildung betonen», hält Butz fest und fügt mit Nachdruck an: «Der KVZ setzt sich aus tiefster Überzeugung für die duale berufliche Ausbildung ein!»

Butz, der einen modernen, kooperativen Führungsstil pflegt, veranstaltet Workshops mit seinem Team, hört zu, lernt und schliesst auch mal die Büros für einen ganzen Tag wegen Mitarbeiterschulung. Die Zusammenarbeit mit der KV Zürich Business School ist für ihn ein zentrales Ziel, kurz nach seinem Amtsantritt stellte er sich am Lehrerkonvent vor und überzeugte. Rolf Butz ist versiert im Schulwesen, er war Präsident der Aufsichtskommission an den Berufsschulen in Stäfa und Bülach, bringt in seinem Wohnort Rafz seine Erfahrung als Schulpflegepräsident ein.

Rolf Butz sieht den Verband als Organisation mit vielfältigen Dienstleistungen und einem starken Gewicht auf Aus- und Weiterbildung. Die KV Zürich Business School muss, das ist seine feste Überzeugung, auch in aller Zukunft vom Verband getragen werden.

In der Berufspolitik soll sich der KVZ noch aktiver einbringen, jedoch einen eigenständigen Standpunkt als Berufsorganisation vertreten. «Wir wollen uns nicht auf unseren Lorbeeren ausruhen, sondern die Zukunft in einem veränderten Umfeld anpacken», sagt Rolf Butz, «der KVZ will aktiv die persönliche und berufliche Entwicklung der im kaufmännischen Bereich Tätigen mit Beratung und Bildung aktiv unterstützten, für eine faire Arbeitswelt kämpfen und kompromisslos als Berufsverband die Interessen seiner Mitglieder vertreten.» Der neue Geschäftsleiter kann bei seinem Engagement auf die Unterstützung des Vorstandes zählen. Rolf Butz und sein Team blicken nach 150 Jahren KVZ mit Realismus und Optimismus in die Zukunft. Leitspruch: «Es gibt viel zu tun, packen wir es an!»

Der KVZ ist einen weiten Weg gegangen. Nicht Federkiele oder schwere Remington-Schreibmaschinen, sondern Computer mit Flachbildschirmen dominieren heute die Arbeitswelt. Und die Frauen agieren als gleichberechtigte Partnerinnen in anspruchsvollen kaufmännischen Berufen.

Motiviert in die Zukunft: Geschäftsleiter Rolf Butz (ganz rechts) mit dem KVZ-Team Ende 2010.

Präsidenten des KVZ seit Gründung

		von / bis
G. A. Matthey		1861–1862
J. U. Schwarzer		1862–1863
H. Steiner und J. Haug		1864–1866
J. R. Schellenberg		1866–1867
H. S. Spiess		1867–1868
H. Hammer		1868–1869
F. Bodmer		1869–1870
E. Farner		1870–1871
A. Hefti		1871–1872
J. Aebli		1872–1873
H. Müller		1873–1874
K. Schmid und C. Wieghardt		1874–1875
W. Schreiber		1875–1876
E. Schneebeli		1876–1877
J. Saxer und C. Fenner		1877–1878
C. Fenner		1878–1879
R. Billeter		1879–1881
J. Suter		1881–1882
E. Gyr		1882–1883
R. Billeter und U. Hofer		1883–1884
P. Schoch und J. Würgler		1884–1885
E. Ernst		1885–1887
R. Billeter und U. Maurer		1887–1888
R. Hofer		1888–1891
H. Bodmer		1892–1894
W. Elsener		1895–1898
A. Lutz		1899–1904
A. Hofmann		1905–1917
A. Busslinger		1917–1919
W. A. Kaufmann		1919–1920
Eugen Keller		1920–1922
P. Schmid-Ruedin		1922–1929
Carl Siegfried		1930–1936
Karl Strickler		1937–1941
Willy Kaufmann		1942–1947
Heinrich Grau		1948
Traugott Büchi		1949–1960
Hans Appenzeller		1961–1980
Marcel Hotz		1981–1984
Rudolf Meister		1985–1988
René Meile		1988–1992
Georg Senn		1992–1997
Pamela Graves		1997–2005
Hans Hildbrand *(gestorben 2008)*		2006–2008
Gisela Schöpflin, *ad interim*	*Juli*	2008–2009
Peter Vonlanthen		2009–2011
Rico Roth	*ab*	2011

Geschäftsleiter des KVZ seit 1945			*von / bis*
	Josef Bottini		1945–1956
	Hans Hartmann		1956–1973
	Josef A. Müller		1973–1986
	Peter Vonlanthen		1986–2009
	Rolf Butz	*ab September*	2009

Rektoren der Berufsschule des KVZ seit den 1920er Jahren *(ab 1974 KV Zürich Business School)*	Joseph Burri		1925–1955
	Albert Märki		1955–1977
	Alois Stadlin		1977–1985
	Kurt Müller		1985–1998
	Juliette France		1998–2007
	René Portenier	*seit*	2008

Rektor Schuleinheit Weiterbildung KV Zürich Business School	Peider Signorell		1998–2011

Wir danken unseren Partnern und Sponsoren, welche die Herausgabe dieses Buches ermöglicht haben:

BDO
Burkhalter
CONCORDIA
CONTROLLER AKADEMIE
DLS Lehrmittel AG
EUROPEAN
gammaRenax services
GARAGE KAUFLEUTEN
Die klimaneutrale Druckerei Hürzeler AG Regensdorf
itopia corporate information technology
Kaufleuten Restaurants
KV Zürich Business School Weiterbildung
MIGROS
NEMUK. Agentur für digitales Marketing
pzm Polke, Ziege, von Moos AG Ingenieure für Gebäudetechnik
reka
S+M Architekten AG
SIB Schweizerisches Institut für Betriebsökonomie
Confiserie Sprüngli
Stadt Zürich Finanzdepartement
SV Group
SWICA
SwissLife
tschudin reinigungen ag
Zürcher Kantonalbank

Unterstützt haben uns auch:
Die Mobiliar, Zürich
FSG Bau AG, Zürich
Musik Hug AG, Zürich
PostFinance, Bern
Zürich Schweiz
Zweifel Pomy-Chips AG, Zürich

Quellen

Sitzungsprotokolle, Strategiepapiere, Materialien zur KV Zürich Business School,
Unterlagen zu Veranstaltungen, Baupläne, Illustrationen,
Fotos und weitere Dokumente aus dem Archiv des Kaufmännischen Verbands Zürich.

KVZ-Jahresberichte

Verbandszeitschrift «Wir Kaufleute»

Jubiläumsschriften «100 Jahre KVZ»,
«125 Jahre Kaufmännischer Verband Zürich, Ihr starker Berufsverband»

Presseberichte

KVZ-Schriftenreihe

Zwanzig aktuelle Interviews des Autors

Bildnachweis

Baugeschichtliches Archiv, Zürich:
16, 17, 169

Keystone:
30, 34, 39, 48, 56, 59, 65, 80, 81, 91, 107, 123, 147

André Melchior, Uitikon Waldegg:
42–45, 50–51

Christian Schwarz, *christianschwarz.ch*:
70–72, 76, 83, 93–95, 100, 106, 108, 116–117, 125,
127, 131–136, 139–143, 149, 157–159, 165, 169, 171

Zentralbibliothek, Zürich:
6